Inhaltsverzeichnis

Alfred Johnson

Gesammelte Werke
- 1818-1825 -

Leidenschaft wider Willen III

Dina Beck
Leah Hasjak

Mit einem Vorwort von
Christine Hertzberg

Alfred Johnson

Ein reger Geist, oft verkannt und doch verehrt

Von Christin Herzberg

Die Romantik des 19. Jahrhunderts, eine Epoche, die von tiefen Emotionen, unerfüllter Sehnsucht und der Suche nach der wahren Liebe durchdrungen war, fand in Alfred John Johnson einen würdigen Vertreter.

Geboren im England des Jahres 1795, spiegelt Johnsons Lebensgeschichte die Kontraste einer Ära wider, in der das Aufbegehren der individuellen Seele gegenüber den Normen der Gesellschaft eine zentrale Rolle spielte.

Johnson, dessen frühes Leben von der Abwesenheit der mütterlichen Figur und einer ambivalenten Beziehung zu einem charmanten, doch oft abwesenden Vater geprägt war, fand schon in jungen Jahren Trost und Ausdruck in der Poesie. Die in seiner Biografie verwurzelten Themen von Liebe, Verlust und Naturbeziehung finden sich in seinen Gedichten wieder, die nicht nur persönliche Reflexionen sind, sondern auch die kollektive Sehnsucht einer ganzen Epoche verkörpern.

Deutlich wird das in den Versen *»So bleibt die Liebe, eine süße Plage/ Zwischen Annahme und doch Zage/ Im Tanz der Worte, leis' und schwer/ Ein ewiges Hin und Her, mehr und mehr«* aus dem 1821 erschienenen Gedicht *Anziehung und Entzweiung.*

Die Anziehung und Entzweiung, die seinen Werken innewohnt, sollten nicht nur als poetische Konstruktionen betrachtet werden, sondern als lebendige Abbilder seiner eigenen Liebesaffären und inneren Kämpfe.

Die Liebe blieb das zentrale Motiv in Johnsons lyrischen Werken. Eine jung geschlossene Ehe mit einer Dame aus der Londoner Gesellschaft sollte zeit seines Lebens Inspirationsquelle und Käfig gleichermaßen für ihn sein. Klar ist, dass die Ehe für Johnson eine zwiespältige Institution war. Weniger ambivalent waren seine Gefühle gegenüber den drei Töchtern, die aus der Ehe hervorgingen. Sie erscheinen vor allem in seinem Spätwerk immer wieder als Symbole der Reinheit und Unschuld.

Ein weiterer Einfluss auf Johnsons Frühwerk sollte nicht unerwähnt bleiben: die prägende Rolle einer gewissen *Lady Jane.*

Die offene Art, in der Johnson in seinen Briefen über sie schreibt, legt nahe, dass es sich um ein Pseudonym handelt. Es kann heute nicht mehr rekonstruiert werden, um wen es sich tatsächlich handelte. Möglich ist, dass die in Johnsons Briefen oft erwähnte Lady Jane in Wahrheit Fräulein Janika Polat war, eine aus dem heutigen Bulgarien stammende Einwanderin der Londoner feinen Gesellschaft. Auch die Herzogin Johanna von Coburg-Welsfels, eine deutsche Adelige, ist eine Möglichkeit. Zeitgenössische Gerüchte berichten, dass Johnson am Tag ihrer Ehe aus Verzweiflung im Portal der Kirche geschlafen haben soll.

Seine Obsession ist jedoch nur noch in wenigen seiner Gedichte direkt zu finden. So zum Beispiel in dem Werk *Durch tausend Wüsten*, in dem das lyrische *Ich* sich nach einem »Herz« sehnt, das weit entfernt und doch nie ganz verloren ist: »*Durch tausend Wüsten/ auf tausend Bergen/ in tausend Tälern/ find' ich dich/ Mein Herz/ Entfliehst du auch/ mit tausend Winden/ über tausend Meere/ und tausend Seen/ findet es mich/ Dein Herz.*«

Die beinahe obsessive Suche nach der Liebe und das Verweigern jeglicher Vernunft sind typisch für Johnsons Frühwerke. Wahrscheinlich ist, dass alle Gedichte, die expliziter von Lady Jane handelten, nach seinem Verschwinden von Johnsons Frau oder seinen Töchtern vernichtet wurden.

Der Wendepunkt in Johnsons Karriere und seinem internationalen Ruhm kam durch die bewundernden Augen des Weimarer Verlegers Konrad Walter. Dessen Brief aus Weimar, der Johnsons göttlich inspirierte Verse als »Sternenregen in der deutschen Literaturszene« beschrieb, kann in seiner Bedeutung für Johnsons persönliche und literarische Entwicklung nicht überbetont werden.

Dieser Moment des kulturellen Transfers wird als entscheidender Schritt für Johnsons Anerkennung in seiner Heimat und über die Grenzen hinaus betrachtet.

Zeitweise wurden in den Salons Weimars die Namen Johnson und Goethe in einem Atemzug genannt, was zweifelsohne auch zu der Beliebtheit des damals noch jungen Dichters in dessen Heimat beitrug.

Die landschaftliche Schönheit, von Johnson in seinen Versen verewigt – besonders hervorzuheben ist hier die inspirierende Kraft, die der Birkenbaum stets für ihn hatte – muss nicht nur als dekoratives Element betrachtet werden, sondern als Spiegel seiner eigenen Weltanschauung. Der Einfluss der Natur, besonders manifest in der Gedichtreihe über Birken, wird als Dialog zwischen der äußeren Welt und Johnsons inneren Empfindungen verstanden. Die Brüche und Narben der Natur, wie auch seine eigene sekundäre Erfahrung der Napoleonischen Kriege, werfen ein Licht auf die Zerbrechlichkeit des Lebens und die Unbeständigkeit menschlicher Verbindungen.

In den malerischen Landschaften Italiens wollte Johnson, wie schon so viele seiner Zeitgenossen, nicht zuletzt der Poet der Romantik schlechthin, Lord Byron, Inspiration finden. Ursprünglich auf dem Weg nach Weimar zu seinem Verleger, beschloss er, nachdem sein Schiff bei der Überfahrt an der Küste der Normandie verunglückte, vermutlich spontan seine Reisepläne zu ändern. Die Spuren führen nach Florenz und Rom. Wahrscheinlich ist, dass er mit der Opernsängerin Francesca Banti (bürgerlich Perla Catalano) eine glühende Verehrerin seiner Verse aufsuchen wollte. Die Affäre mit ihr sollte die meiste Zeit seiner Italienreise einnehmen. Aus heutiger Sicht ist nicht mehr abschließend zu klären, ob Johnsons Zuneigung einseitig war oder von der Künstlerin erwidert wurde. Fakt ist, dass die leidenschaftliche Obsession in einer schmerzhaften Enttäuschung und in der Trennung von Johnson und dessen Frau endete. Die Dualität von Liebe und Trennung, die er in *Anziehung und Entzweiung* thematisierte, bekam eine neue, persönliche Bedeutung. Italien war von da an ein zwiespältiger Sehnsuchtsort in Johnsons Lyrik und persönlichen Briefen.

Die ausgewählten Gedichte in diesem Band, allen voran *Anziehung und Entzweiung, Nur in der Ferne find' ich ruh'* und *Das Ende der Hoffnung*, sind poetische Manifeste, die die zentralen Motive der Romantik verkörpern.

In *Anziehung und Entzweiung* erkunden Johnsons Verse die Dualität von Liebe und Trennung, während *Nur in der Ferne find' ich Ruh'* die Sehnsucht nach einer unerreichbaren Liebe inmitten von Schmerz und Freiheit einfängt. *Das Ende der Hoffnung* hingegen erzählt von der bitteren Enttäuschung, wenn poetische Gefühle auf unnahbare Herzen treffen.

Diese Gedichte sind individuelle Schöpfungen und zugleich Spiegel einer ganzen Epoche, in der die Poesie als Ausdruck tiefster Emotionen und als Weg zur Selbstfindung verstanden wurde. Die romantischen Elemente in Johnsons Werk reichen über die Oberfläche hinaus und bieten den Lesern die Gelegenheit, in die innersten Nuancen ihrer eigenen romantischen Welt einzutauchen.

Die vorliegende Sammlung ist nicht nur eine Hommage an die Poesie Johnsons, sondern auch eine Einladung, das Herz der Romantik zu erforschen. Johnson hat es mit seinen Worten vermocht, eine eigene Welt zu erschaffen und auch die Sehnsüchte und Konflikte einer ganzen Generation zu reflektieren. Auch wenn Alfred Johnson heute kein Haushaltsname mehr ist, hat er doch seine

Epoche und Zeit geprägt – wenn auch nicht in dem Ausmaß wie Wordsworth oder Byron. Umso verdienter ist nun die lang in Arbeit gewesene erste Gesamtausgabe seiner Werke, die ich unserem zeitgenössischen Publikum hiermit ans Herz lege.

Christin Hertzberg, 2024

Gesammelte Gedichte

Zwei Herzen

Mit geschloss'nen Augen find' ich dich,
zwei Herzen an einem Silberband.
Zwei blühende Veilchen in deinem Gesicht,
Rosenknospen auf deiner Haut.

Denn nur deine Hand
An meinem Herzen
Mag verstehn
Wo wonnigsüß
Des Honigs gold'ner Tropfen
Im Gefäß der Ewigkeit versinkt.

Und wie die Liebe,
ein Ozean der Ewigkeit,
Sturm in meiner Brust,
die finst're Sicht,
einzig erhellt durch dein Licht.

Ach, wie weh wird mir,
seh ich dein Antlitz kleiner werden,
zerbersten will mir das brüchige Herz.

Und wenn sie erlischt,
so erlischt sie für immer.
Tot, tot, die Flamme,
für alle Zeit.

London 1821

Morgengabe

Wie eine Blume flatterst du im Wind.
Wie ein Vogel schwebst du an mir vorbei.
Ich fühle mich bei dir wie ein Kind.
Unschuldig, von allen Zwängen frei.

Dein Lächeln gleicht der Morgensonne,
Die sanft den Tag zum Leben weckt.
In deinen Augen leuchtet die Wonne,
Die jede Dunkelheit erweckt.

Du bist wie der Duft von frischem Gras,
Der meine Sinne sanft umschmeichelt.
In deiner Nähe fühle ich das was,
Mich aus der Enge des Alltags befreit.

So fliege ich mit dir, mein Lieb,
Durch die Lüfte, weit und breit,
In deiner Liebe fühle ich mich frei,
Ein Vogel, der im Himmel weit.

London 1820

Liebe und Pflicht

Im Dunkel der Nacht, allein und leise,
Folgt' ich dem Ruf, der in meinem Herzen kreise.
Ein Flüstern, zart wie der Morgentau,
Sagte mir: »Folge deinem Traum, trau!«

Doch wusst' ich wohl, was das bedeut',
Dass Liebe oft Schmerzen ins Leben streut.
Dennoch entschied ich, dem Ruf zu gehorchen,
Mein Herz zu verfolgen, auch wenn's andere zerbrochen.

Die Sterne am Himmel, sie lächelten sacht,
Als ich meine Reise im Dunkel der Nacht gemacht.
Durch stürmische Winde und gefrorenen Tau,
Ich folgte meinem Herzen, ohne Rast und ohne Ruh.

Und ja, ich machte viele unglücklich dabei,
Brach Herzen und Träume, verstrickte mich in Leid.
Doch das Echo der Liebe, so süß und so warm,
Gab mir die Kraft, die Stürme zu ertragen, den Harm.

Mag sein, dass unser Weg manchmal dunkel und schwer,
Doch das Herz führt uns, wohin wir gehören, sehr.
Es lehrt uns, was Liebe in Wahrheit bedeutet,
Dass wir in ihr leben, in Glück und Leid,
vergehen und erblühen, bis ans Ende der Zeiten,
so steht's geschrieben und geweitet.

London 1821

14

Mein Abschied

Wir heiraten, nicht aus Liebe, sondern Pflicht,
Doch in den Nächten, in meinen Träumen,
blickt mein Licht
Zu ihr, die ich nicht lieben darf, nicht kann,
Doch die Liebe, sie bleibt stark und wahr,
das ist mein Wahn.

Das Herz bleibt treu, trotz aller Pein und Leid,
Die Tränen, die ich weine, wissen von dieser Zeit.
In meinen Träumen seh ich nur ihr Angesicht,
Die Liebe in meinem Herzen ist und bleibt mein
Licht.

So wandel ich, gefangen in der Nacht,
In meiner Seele tobt ein ew'ger, stiller Kampf,
mit Macht.
Die Pflicht, sie ruft, ich kann ihr nicht entfliehen,
Doch meine wahre Liebe wird für immer glühen.

London, 1821

Vom Schwinden der Liebe

In Liebe entflammt, so zart und fein,
Das Feuer, das sollte für immer sein,
Doch dann trat die Ehe in unser Leben,
Und die Liebe schien zu schweben.

O Liebe, so süß, so voller Glanz,
Doch die Ehe brachte uns in den Tanz,
Der Alltagstrott und die Pflichten schwer,
Verblassten die Liebe, oh, so sehr.

Die Ketten der Ehe, so kalt und starr,
Ließen uns vergessen, wer wir einst war'n,
Die Leidenschaft schwand, das Feuer verglühte,
In der Ehe, wo unsere Liebe verblühte.

London 1821

An das Gold in meinem Leben

Ihr Lachen, süß und zart, wie Vogelgesang im Mai,
Entzückte alle Herzen, brachte Freud' und Heiterkeit.
Doch tief in ihrem Wesen, verborgen und versteckt,
War sie wie ein Kind, von der Welt nicht entdeckt.

Ihre Augen, voller Staunen, wie Sterne in der Nacht,
Ihre Träume, wie Wolken, im Himmel aufgewacht.
Eine Dame mit rotem Haar, so unschuldig und rein,
Lebte in einer Welt, die für sie ein Märchen schien.

Ihre Naivität, ein Schatz, den sie bewahrte,
In einer Zeit, wo die Welt so oft enttäuschte.
Doch in ihrem kindlichen Gemüt, weich und warm,
Fand sie Freude und Glück, in jedem Morgen und
jedem Sternenschwarm.

In jedem Blütenduft, der durch die Lüfte weht,
Sah sie die Magie des Lebens, im Verborgenen steh'n.
Und in jedem Sonnenstrahl, der ihren Weg beleuchtet,
Fand sie eine Spur von Glück, die ihre Seele hegt.

Ihr Lächeln, ein Geheimnis, das die Welt verschweigt,
In ihrem kindlichen Herzen, die Wahrheit treu erreicht.
Eine Dame mit rotem Haar, so unberührt und rein,
Erfüllte die Welt mit Hoffnung, in ihrem Sein.

In einem Garten blühend, von Liebe und Träumen
gesät,
Wo ihre kindliche Seele das Leben in Farben malt.
Eine Dame mit rotem Haar, so zauberhaft und weich,
Verzauberte die Welt, in ihrem unschuldigen Reich.

London, 1821

Anziehung und Entzweiung

In deiner Botschaft, knapp und fein,
Ein Zwiespalt zwischen Lust und Pein.
Du sagst, die Liebe sei verweht,
Doch zartes Sehnen fortbesteht.

Worte flüstern wie der Wind,
Verweben sich, zu zartem Sinn.
Die Anziehung zieht uns noch fester,
Doch Abstoßung hält uns im Gestern.

Dein Brief, ein Tanz aus Licht und Schatten,
Von Zweifeln, geh'n im Herz vonstatten.
Die Sehnsucht singt, ein leiser Klang,
Ein Wechselspiel, ein Liebesfang.

Du sprichst von Ende, doch im Schreiben,
Ist eine Spur von tiefem Bleiben.
Die Anziehungskraft hält uns gefangen,
In einem Spiel aus Zieh'n und Bangen.

Ein Brief, der Liebe neu umschreibt,
In Widersprüchen, die er betreibt.
Ein Tanz der Herzen, wild und zart,
Ein ewiges Hin und Her, das nie apart.

So bleibt die Liebe, eine süße Plage,
Zwischen Annahme und doch Zage.
Im Tanz der Worte, leis' und schwer,
Ein ew'ges Hin und Her, mehr und mehr.

London 1821

19

Unsere Herzen

Durch tausend Wüsten,
auf tausend Bergen,
in tausend Tälern,
find' ich dich.
Mein Herz.
Entfliehst du auch,
mit tausend Winden,
über tausend Meere,
und tausend Seen,
findet es mich.
Dein Herz.

Suffolk, 1821

Nur in der Ferne find' ich Ruh'

In meiner Brust, da wohnt ein Schmerz,
so tief und schwer, wie Blei.
Ich lieb' dich so, es sprengt mein Herz,
doch sein bei dir, das kann ich nicht, ach nein.

Dein Lachen, süß wie Frühlingsluft,
dein Blick, so klar und rein,
sie treffen mich wie Sturm in der Gruft,
ich fliehe, obwohl ich möchte bei dir sein.

Die Worte, die du sprichst so leis',
sie sind für mich wie Wein,
betrinken mich und machen heiß,
doch lassen mich in Einsamkeit allein.

Ich seh' dich an, so voller Glanz,
und fühl' mich doch so klein.
Ich wünschte, ich ergriff die Chance,
doch kann ich nicht, denn deine Nähe ist mein Pein.

Ich lieb' dich und doch flieh' ich dich,
in meiner Brust brennt's lichterloh.
In Liebe, die erdrückt und sticht,
bleib' ich fern, in meiner Einsamkeit so froh.

Deine Nähe, süß und qualvoll schwer,
lässt mein Herz beben, wild und scheu.
Ich träume oft, es wäre leer,
denn nur in der Ferne find' ich Ruh', bin frei.

London 1821

Das Ende der Hoffnung

Den Vers, den du gesendet,
in stiller, dunkler Nacht,
er fand die stolze Dame,
die leise hat gelacht.

Ihr Herz, wie Eis so kalt,
dein Wort, es schmolz es nicht.
Dein Sehnen, deine Träume,
für sie nur ein Gedicht.

Du sangst von Liebe, Wärme,
von einer besseren Welt.
Sie las, und ihre Augen
blieben kalt und abgestellt.

Am Ende bliebst du einsam,
dein Herz in Scherben, schwer.
Die Dame, stets unnahbar,
sie achtet dein nicht mehr.

So endet deine Hoffnung,
zerstoben wie der Wind.
Die Liebe, eine Fata Morgana,
die unerreichbar schwind.

London 1821

Sommerfrucht der Liebe

O Pfirsich, Frucht der italienischen Hand,
Verheißung des Südens, wie der Liebe Band.
Dein Flaum so weich, in Farben von Gold und Rosé,
Entfaltet sich in der Sonne wärmstem Glanz,
oh wie fein, oh wie weh.

Von Verona bis nach Rom, in jedem Hain,
Pfirsiche blüh'n, ein süßes Versprechen, so rein.
Die Morgensonne küsst sie, ein Liebestanz im Licht,
Ein Gedicht der Natur, ein zartes Pfirsichgericht.

Im Schatten der Mauern, wo die Zypressen stehen,
Klingen leise Melodien, die süße Sehnsucht wehen.
Ein Gedicht aus der Feder, eines Dichters Raun'n,
Der Pfirsich, ein Vers, in einem italienischen Traum.

Sanft in die Hand genommen, die Haut wie Samt,
Ein Hauch von Sommer, wenn der Abend naht.
Ein Biss, so süß, die Saftigkeit ein Gedicht,
Ein Pfirsichtraum, verwebt mit italienischem Licht.

London 1821

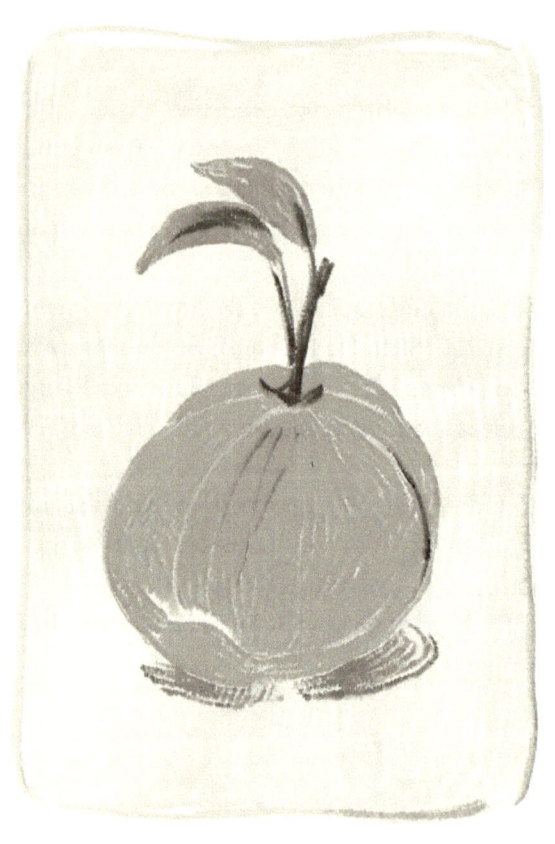

Sommerkuss

Oh Herz Italiens,
Sommerblüte, samtig zart,
In deiner Fülle liegt ein Liebesbund,
Verlockend wie ein süßer Kuss vom liebsten Mund.

Deine Haut, ein Hauch von sanfter Röte,
wie ein Sonnenuntergang am Horizont, so weit.
Der Duft, der mich umschmeichelt, sacht,
Entführt mich in süße Traumnacht.

Du bist die Frucht der Leidenschaft,
In deinem Kern liegt süße Kraft,
Ein Bissen nur und ich schmecke,
Die ganze Pracht der Sommerfreude, keine Schranke.

Oh, wie ich mich an deiner Süße lab,
In jedem Biss ein Stück vom Himmel hab,
So dank ich dir, du süßer Pfirsich mein,
Für dieses göttlich köstliche Sein.

London, 1821

Birken in der Kunst

In der Ferne sieht mein Herz
Eure Äste beugen
Windstoß offenbart den Schmerz
wie Einsamkeit erzeugen.
Die Rinde brüchig, zerschnitten
Schutz wird nicht gewährt
Der Stamm am Wind gelitten
Die Blätter dennoch unversehrt

»Eines frühen Morgens erblickte mein Auge eine graue Silhouette in der Dämmerung. Zunächst dachte ich, es sei ein junges, filigranes Ding, das dem Wind trotzt und hinaus auf den Horizont blickt. Die schlanke Gestalt lockte mich näher, zog jeden Schritt zu sich, bis mir klar wurde, dass es kein hochgewachsenes Menschenkind

war, das mich anzog, sondern eine ferne, einsame Birke, die die Sonne mit mir zusammen begrüßte. Mein Herz sprang in die Höhe, meine Hände zitterten. Kein Baum, keine Blume, keine Landschaft hatte jemals zuvor solch eine Sehnsucht nach der Natur und ihre Geheimnisse geweckt, wie dieses Geschöpf. Ich blieb stehen, beobachtete, wie hinter ihr die Sonne langsam nach oben stieg und starb einen schönen Tod, aus dem ich als ein anderer wiederkam.«

Fragmentarischer Tagebucheintrag, undatiert

Kein Laubbaum, erst recht weder Eiche noch Ahorn, trägt so viel Eleganz und Schwermut in sich, wie die Birke. Versinkt man in Betrachtung, lässt sein Blick wie den eines Liebhabers über den Stamm wandern, verweilt auf der sich schälenden Rinde, folgt den dünnen, nach oben strebenden Ästen, wird man gewahr der Schönheit und Anmut jenes Gewächs. Birken, über Jahrhunderte hinweg besungen und angebetet, spielen in der Kunst eine wichtige Rolle. Ihre tragische Gestalt, ihr Aufbäumen gegen die Gezeiten, ihre mit Striemen durchzogenen Rinde – ihre Fähigkeit auf kahler Fläche anzusiedeln – all das umwebt sie mit mystischem Gewand. Was, frage ich, kann symbolischer sein, als ein Baum, der der Leere trotzt? Wie oft findet man Birken allein vor, dem Wind ausgesetzt, durch Jahre verborgen, verstoßen von anderen Bäumen und Geästen? Welcher Baum kann in solcher Würde den Gezeiten widerstehen, wenn nicht ein solch Sonderbares, das zwei Farben auf der Rinde trägt, dessen Äste, schmal und fein, sich in Richtung der Liebe biegen?

Erkennt man Birken im Schnee?

Eine ernste Frage, die mich bewegt. Erkennt man Birken im Schnee? Der Stamm weiß, die Blätter abgeworfen, die

Äste kahl. Wie sehr fügt sich eine Birke der winterlichen Magie. Kein Baum vermag es, wie sie es tut. Kein Baum ist mehr Winter, als eine Birke Winter sein kann. Sie ergibt sich den Gezeiten. Wenn sie blüht, dann erstrahlt der Frühling, wenn die Blätter gehen, dann geht der Sommer. Wenn der Wind die Äste zieht und dehnt, dehnt sich der Herbst und wenn der Winter naht, dann fügt sie sich dem Diktat der weißen Wüste und verschmilzt mit den Böen.

Selbst für das einfache völkische Gemüt der Slawen, die, auf Grund der mangelnden Kultiviertheit an einem Mangel an raffinierter Raffinesse leiden, selbst diese seltsam gefühlsbetonten Völkchen, erspüren mit ihren ländlichen Instinkten die Grandiosität der Birke. In russischer Folklore[1] wird die Birke als junges Mädchen oder Nymphe personifiziert und für ihre Schönheit und Grazie gepriesen. Stets reisen die Märchenfiguren der russischen Volkssagen durch Birkenwälder, die mystische Rätsel für sie bereithalten. Und durchschaubar sind die Reihen der Bäume, durch die der Held die Wahrheit zu ergründen sucht. Wie eine schöne Frau, die aus der Ferne lockt und aus der Nähe betört, ist die Birke die Versuchung des Mannes. Und wie oft, wenn nicht sogar zu oft und überstrapaziert, wird die Birke das Schicksal

---

[1] Das Märchenbuch »Russische Märchen: Eine Sammlung traditioneller Geschichten« von **Pavel Kuznetsov** (1785) wurde im Nachlass der Johnson-Tochter Daphne Wycliff gefunden und könnte sich bereits im Besitz des Dichters befunden haben. Es bietet einen Einblick in die slawische Sichtweise auf Birken, die Alfred Johnson beeinflusst haben könnte. Es beschreibt die Birke als Symbol für Schönheit und Grazie und betont ihre Rolle in der russischen Folklore als personifizierte Nymphe oder junges Mädchen. Dies könnte erklären, warum Johnson die Birke in seinem Werk als ein so mächtiges und bewegendes Motiv behandelt.

jener jungen Frauen, die den neidischen Blick ihrer weniger schönen Nebenbuhlerinnen auf sich ziehen und durch wundersame Zaubertränke in Bäume verwandelt werden. Wer weiß, denke ich mir, während mein Herz ein unergründliches Ziehen packt, wer weiß, ob jene Birke, die mich eins zu Tränen rührte, nicht ein armes junges Ding war, dass man einst aus Eifersucht verfluchte und der Einsamkeit der Gezeiten aussetzte?

Begegnet man im Osten Europas Dörfer, die umgeben sind von Birken, in regelmäßigen Abständen gepflanzt, so kann man sich gewiss sein, dass man sich von ihnen – im Aberglauben gefangen – Schutz vor den Geistern erhofft. Auch wenn ich solchen Albernheiten nicht gedanklich anhänge, so kann ich dennoch ruhig darauf verweisen, dass dieser Glaube dem treuen und beruhigenden Charakter des Baumes entsprungen sein muss. Wer kann nicht Trost empfinden, beim Anblick der Birke? Wer spürt nicht die Sehnsucht in ihrer Gestalt? Wer kann sich der Grazie entziehen? So einfach auch die slawische Seele ist, so feinfühlig ist sie für das unbegreiflich Schöne.

Dennoch, warum gibt es so wenig englische Dichter, die die Birke besingen, während jeder zweite sich an Weiden und Linden die Finger wund schreibt? Die Frage ist simpel und leicht zu beantworten: Es gibt nicht genug Birken in England, um das Auge eines Dichters zu schulen. Ein trauriger Umstand, dem Abhilfe geleistet werden sollte.

Essay erschienen in der London Times, März 1822

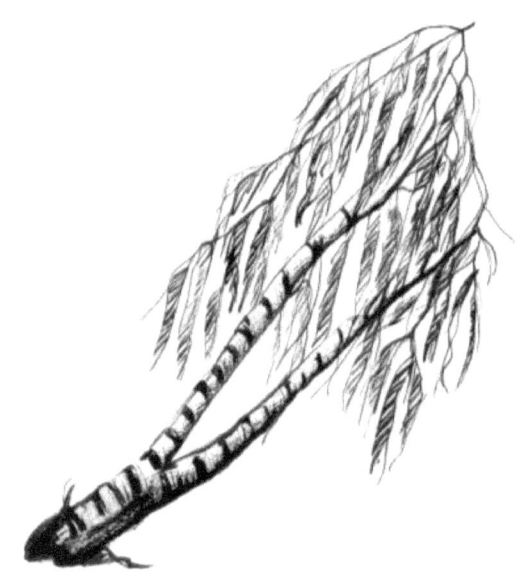

Birkengedicht I

In einem Wald aus grünen Birken,
Fand ich unser Herz, ein Stückchen,
Gemeinsam in der Stille lauschen,
Liebe, unser kostbares Birkenherz.

Im Schatten der Bäume, so still und klar,
Flüstert der Wind, die Blätter sacht,
Zwischen den Zweigen, ein leises Lachen,
Das Echo der Liebe, im Herzen erwacht.

Ein Herz aus Birkenrinde, zart und fein,
Umgeben von Blumen, im Sonnenschein,
Gefunden in diesem verzauberten Raum,
Unsere Liebe, ein ewiger Traum.

Lasst uns halten dieses Herz in Händen,
Bewahren es vor allen Missgeschicken,
Denn in ihm ruht ein Stück unseres Lebens,
Ein Zeichen für die Ewigkeit zu erblicken.

Suffolk, 1821

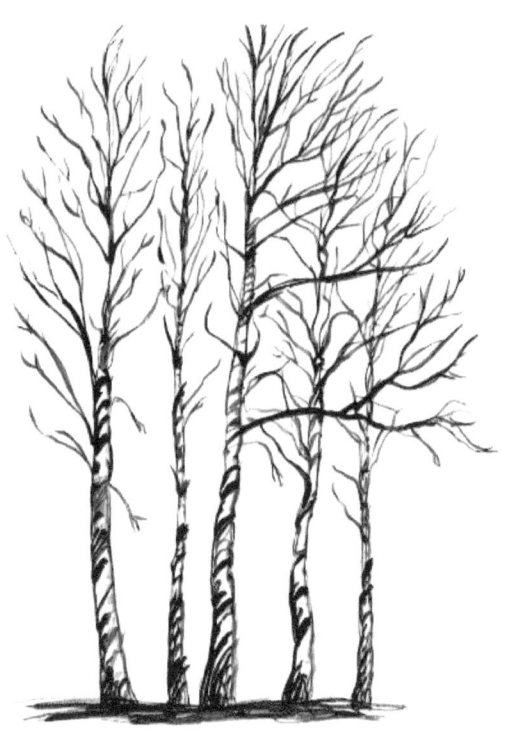

Birkengedicht II

In stummen Birkenwäldern, hell und rein,
Da flüstert leis' des Lebens heiße Pein.
Die Welt, sie eilt, und kaum verweilt ein Augenblick,
Verweht im Wind, im rastlosen Geschick.

Die Birken ragen auf, so weiß und still,
In Einsamkeit, vom Morgenlicht erfüllt.
Doch ach, wie oft im Schatten ihrer Zweige,
Entflieht des Lebens Sinn, in eil'gem Reigen.

Die Seelen wandern hier, begegnen sich,
Doch selten ist die Zeit, sich zu erkennen, Glück.
Die Blicke streifen flüchtig nur die Augen,
Und lassen uns in Einsamkeit erbauen.

Die Welt, sie rast, in ihrem wilden Lauf,
Und niemand achtet, was im Stillen schafft, im Grau.
Die Birken, stumm, sie neigen sich im Winde,
Und weinen leise, wenn die Liebe schwinde.

So ist das Dasein, flüchtig, unbemerkt,
Vorüberziehend wie ein Traum, der stets verweht.
Die Birken stehen da und warten stumm,
Auf jene, die im Dunkel finden ihren Ruhm.

Suffolk, 1821

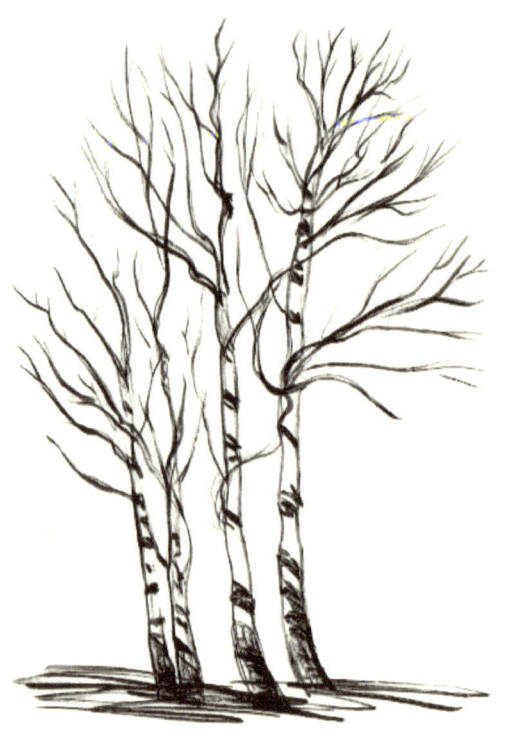

Birkengedicht III

Im Wald, von Einsamkeit umgeben
Stand eine Birke, stolz und hoch erheben
Sie wand sich um Wind, verwurzelt im Gestein
Sie brachte mich zum Weinen, allein und allein.

Doch als ich näher trat, erkannte ich dort,
Dass diese Birke, so einsam, ein Herz doch trug fort.
In ihrem Schatten, sanft und weich,
Fand ich Trost, fühlte mich reich.

Die Blätter rauschten, ein tröstliches Lied,
Das mir sagte, dass ich nicht verloren, nicht im
Dunkel verschied'.
Denn in der Einsamkeit der Birke fand ich Ruh',
Und wusste, dass ich niemals allein bin,
in der Natur im Nu.

Suffolk, 1821

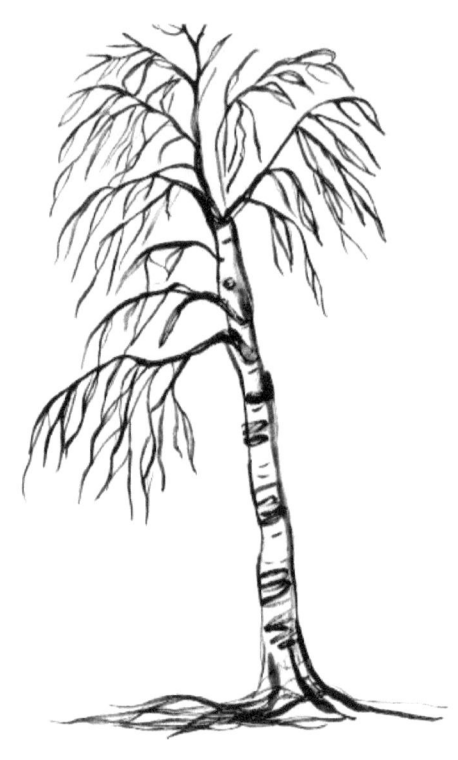

Birkengedicht IV

Im Wald, in tiefster Einsamkeit verfangen,
Da stand die Birke, verlassen und allein.
Im Wind gebogen, in Fels und Stein verwurzelt,
Ihr Anblick traurig, mein Herz wollt nicht mehr sein.

Die Tränen rannen, unbarmherzig, schwer,
In ihrem Schatten, fühlte ich mich leer.
Doch plötzlich spürte ich ein zartes Weh'n,
Ein Hauch von Trost, mich sanft berührte, das war
schön.

Die Birke neigte sich, als wollte sie mich trösten,
Ihr Wispern im Wind, als würde sie mich grüßen, ein
leises Kosen.
In ihren Zweigen fand ich Halt,
Ein Ort der Ruhe, fern von aller Qual.

So standen wir dort, vereint in diesem Augenblick,
Die Birke und ich, im Wald, so still und schlicht.
Denn selbst in tiefster Einsamkeit und Pein,
Kann die Natur uns trösten, uns zeigen, dass wir nicht
allein.

Suffolk 1821

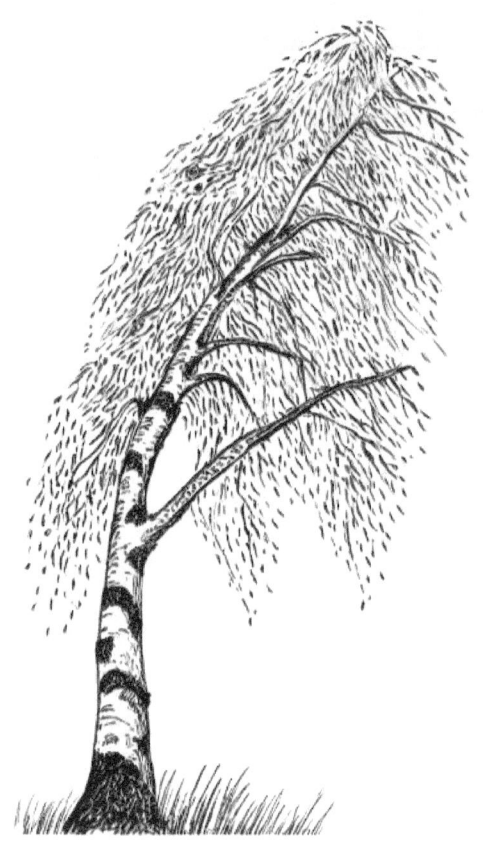

Liebe auf den Lippen

Als ich dich sah
Weit von mir geschoben fort
Halb im Schatten, dennoch am gleichen Ort
Da fühlte ich, wohl zum ersten Mal
Wie sehr die Liebe ist die schönste Qual.

1820, öffentlicher Ball zu Ehren seiner Majestät Georg IV

Wer von Liebe spricht, darf über Schmerz nicht schweigen. Kein Gefühl ist näher an allen anderen Gefühlen, ist Nahrung aller anderen Gefühle, ist über allen anderen Gefühlen als die Liebe. Froh und verflucht ist jener, der wahrhaftig liebt. Denn kein Auge kann ruhen, kein Herz ruhig schlagen, solange die Liebe nicht Erfüllung findet. Doch was tut man in einer Welt, die

Liebe verleugnet und die Pflicht und Ehre als das höchste Gut ansieht?

Man verzweifelt. Man zergeht. Man verdorrt innerlich. Grausam ist England zu den Liebenden. Grausam und unverzeihlich. Statt das Gefühl der Gefühle zu hofieren, zu preisen, zum höchsten Gut zu erklären, verteufelt man es und zwingt so viele in den Freitod. Wehe dem, der wahrhaftig liebt, wehe dem.

Eine Revolution muss her! Eine Revolution der Liebe. Wie man einst in Frankreich „Liberté, Egalité, Fraternité" von den Dächern und Balkonen in Paris schrie, sollte man, muss man (!), nach "Amour, Bonheur, Liberté" rufen. Immer wieder, immer wieder, immer wieder. Wer kann leben, ohne die Liebe? Wer kann leben ohne Glück, wer kann leben ohne Freiheit? Eine Revolution muss her, eine Revolution der Herzen. Entledigt euch den Fesseln der vermeintlich edlen Tugenden, werft Treue, Pflicht und Verstand über Bord. Entledigt euch des trockenen Geistes, der über den Körper wacht und ihn knechtet. Habt die Liebe auf den Lippen!

Was braucht man mehr, als ein reines, sehendes Herz? Was macht einen Mann gut, wenn nicht die Hingabe zu einer Frau? Was lässt eine Dame mehr erblühen, als die Anbetung ihres Liebsten? Es gibt keine andere Antwort als Liebe. Scheut euch nicht, ihr Krieger der Herzen, nach den Waffen zu greifen, wenn man euch jenes Herz entreißen möchte. Scheut euch nicht, für jeden Moment zu kämpfen, den man euch versagen möchte. Brecht Ehen, brecht Versprechungen, brecht das Gesetz für die Liebe. Habt die Liebe auf den Lippen.

Und holt man euch auch aus euren Betten. Zerrt man euch auch aus euren Häusern. Trennt man euch auch von eurer Liebsten, so geht nicht in die Knie, schwört nicht

Besserung, bittet nicht um Vergebung für etwas, was keiner Vergebung bedarf. Haltet euren Kopf aufrecht, wehrt euch, kämpft und habt die Liebe auf den Lippen.

Die fünf Thesen der Liebe[2]:

1. Auf dem Schlachtfeld der Liebe

So steht der Liebende wie auf einem Schlachtfeld, nicht mit Schwert und Schild, sondern bewaffnet mit der unerschütterlichen Wahrheit seines Herzens. In England, diesem stolzen, doch oft kalten Land, muss der Kampf für die Liebe härter gefochten werden als anderswo. Die Schlachten, die in den verborgenen Ecken der Gesellschaft wüten, sind nicht weniger intensiv als die,

---

[2] Im Jahre 1837 bildete sich, inspiriert von den flammenden Worten und Idealen, die sowohl im Essay **»Liebe auf den Lippen«** als auch in seiner dichterischen Erweiterung zum Ausdruck gebracht wurden, eine kleine, doch entschlossene Gruppe, bekannt als »Die Liebenden«. Diese Gruppierung verstand sich als Avantgarde einer sozialen Revolution, die darauf abzielte, die rigiden moralischen und gesetzlichen Rahmenbedingungen der Liebe, insbesondere hinsichtlich der Institution der Ehe, radikal zu hinterfragen und zu reformieren. Ihr radikalstes Postulat war die Legalisierung des Ehebruchs, eine Forderung, die sie nicht nur auf theoretischer Ebene diskutierten, sondern die sie auch öffentlich und aktivistisch zu vertreten suchten. Die Mitglieder von »Die Liebenden« fanden sich in geheimen Versammlungen zusammen, veröffentlichten Pamphlete und traten in öffentlichen Debatten auf, um ihre Überzeugungen zu verteidigen. Unter ihnen befanden sich Persönlichkeiten der Öffentlichkeit, wie die Londoner Brauereibesitzerin Lausanne Lascout, aber auch des Adels, wie Lord Sanditon, 1. Marquis of Norwich.

welche auf offenen Feldern geschlagen werden. Doch der Preis – die Liebe selbst – ist es wert, jedes Risiko zu tragen, jede Konvention zu hinterfragen.[3]

2. Die Zerreißprobe der Liebe

Es ist eine Ironie des Schicksals, dass in Zeiten, in denen die Liebe am meisten benötigt wird, sie am stärksten auf die Probe gestellt wird. Doch gerade diese Prüfungen schärfen unser Verständnis für ihre wahre Bedeutung. Liebe ist nicht das stille Akzeptieren von Regeln und Normen, die von einer emotionslosen Gesellschaft diktiert werden. Liebe ist der mutige Akt des Widerstandes, des Aufbegehrens gegen jene, die behaupten, sie zu verstehen, während sie sie in Ketten legen.

3. Die Verklärung der Liebe

So rufen wir aus den Schatten heraus, verlangen nach einem neuen Verständnis von Liebe, das frei ist von den Fesseln der Vergangenheit. Wir träumen von einer Welt, in der Liebe nicht nur als flüchtiges Gefühl gesehen wird,

---

[3] Das Engagement »der Liebenden« stützte sich auf die Überzeugung, dass wahre Liebe keine Grenzen kennen dürfe und dass die Gesetze der Zeit die freie Liebe zwischen Menschen unnatürlich einschränkten. Die Gruppe stieß auf heftigen Widerstand seitens der Gesellschaft und der Regierung, was schließlich zu ihrer Verhaftung führte. Der Prozess gegen »Die Liebenden« erregte großes öffentliches Aufsehen und wurde in den zeitgenössischen Medien ausführlich dokumentiert und debattiert. In der Literatur wird dieser Prozess oft als Wendepunkt in der gesellschaftlichen Auseinandersetzung mit den Konzepten von Liebe, Ehe und Freiheit dargestellt.

sondern als grundlegendes Menschenrecht, als essentieller Bestandteil unseres Seins. Eine Welt, in der Liebe in all ihren Formen[4] gefeiert wird, als Quelle der Freude und der Kraft, als das ultimative Symbol der Freiheit.[5]

4. Die Manifestation der Liebe

Dies ist kein bloßes Gedankenspiel, kein utopisches Fantasieren. Es ist ein Aufruf zum Handeln, zur

---

[4] In **Isabel K. Davies** bahnbrechenden Werk »Der Vater des Gedankens: Alfred Johnson als der Wegbereiter der Polyamourie.« Untersucht Davies, wie Alfred Johnson durch seine radikalen Vorstellungen von Liebe und Beziehungen als einer der frühen Befürworter der Polyamourie angesehen werden kann. Davies argumentiert, dass Johnsons Texte und insbesondere seine poetischen Darstellungen von Liebesbeziehungen weit über die monogame Norm seiner Zeit hinausgingen und komplexe, mehrdimensionale Beziehungsgefüge skizzierten, die in ihrer Offenheit und Akzeptanz verschiedener Liebesformen seiner Epoche weit voraus waren. Durch eine detaillierte Analyse von Johnsons Werk sowie einen Vergleich mit den sozialen und kulturellen Normen des frühen 19. Jahrhunderts beleuchtet Davies, wie Johnsons Ideen zur Liebe und Beziehung die Grundlagen für moderne Konzeptionen der Polyamourie legten und Diskussionen über Beziehungsformen, Freiheit und Liebe bis in die heutige Zeit prägten.

[5] Einer der Haupttexte, die sich mit »Die Liebenden« auseinandersetzen, ist »Schatten der Freiheit: Die Geschichte der Liebenden von 1837« von **Jonathan E. Hargreaves** (1842). Hargreaves, der die Bewegung kritisch betrachtet, liefert eine detaillierte Darstellung der Ereignisse, der Ideale der Gruppe und der tragischen Folgen ihres Aufbegehrens. Der Text wird oft zitiert, um die komplexe Beziehung zwischen gesellschaftlichen Normen und individuellem Freiheitsdrang zu diskutieren.

Manifestation der Liebe in jedem Wort, in jeder Tat, in jedem Blick. Wir müssen die Liebe leben, sie als Banner tragen, das uns leitet durch die Dunkelheit, das uns vereint in unserem Streben nach einem besseren Morgen. Die Revolution[6] der Liebe beginnt im Herzen eines jeden Einzelnen, breitet sich aus wie ein unaufhaltsames Feuer, das Wärme und Licht spendet.

5. Das Vermächtnis der Liebe[7]

---

[6] Zu erwähnen ist, dass Johnson selbst weder Kontakt zu Mitgliedern der Gruppierung aufgenommen hat, noch anderweitig mit den Aktivisten in Verbindung gebracht werden kann. Aufkommende Gerüchte, er wäre in die Aktivitäten »der Liebenden« verstrickt oder daran beteiligt, dementierte er zeitlebens massiv. Hierzu kann »Alfred Johnson – ein Leben in Unschuld« von **Wilhelm Hanau** (1934) herangezogen werden. Trotz hartnäckiger Gerüchte über seine Verstrickung mit »den Liebenden« bietet das Werk keine endgültige Antwort auf diese Frage. Es analysiert jedoch ausführlich Johnsons Tagebuchaufzeichnungen und Korrespondenzen, um Hinweise auf seine Haltung zu finden, und präsentiert die vielschichtigen Spekulationen darüber, wie er tatsächlich zu der Gruppierung stand.

[7] Ein weiteres bedeutendes Werk, »Liebe gegen das Gesetz: Das Vermächtnis der Liebenden« von **Maria S. Wellington** (1912), argumentiert, dass die Bewegung von »Die Liebenden«, obwohl in ihren Methoden fehlgeleitet, einen wichtigen Beitrag zur Diskussion über die Natur der Liebe und die Grenzen gesellschaftlicher Kontrolle geleistet hat. Wellingtons Analyse wird häufig herangezogen, um die Entwicklung der romantischen Liebe im 19. Jahrhundert zu verstehen und wie radikale Ideen, selbst wenn sie in der eigenen Zeit untergehen, den Boden für zukünftige Generationen bereiten können.

Lasst uns also mutig voranschreiten, mit der Liebe als unserem Kompass. Lasst uns zeigen, dass die wahre Stärke eines Volkes nicht in seiner Fähigkeit liegt, zu unterdrücken und zu teilen, sondern in seinem Mut, zu lieben und zu vereinen. Möge das Vermächtnis dieser Zeit nicht eines der Tragödie sein, sondern ein Zeugnis der unerschütterlichen Macht der Liebe, die alle Barrieren überwindet, die alle Wunden heilt, die immer währt.[8]

Essay erschienen in der Londoner Times, März 1823

---

[8] Das tragische Ende der Gruppe – ihre Mitglieder wurden nach einem umstrittenen Gerichtsprozess zum Tode durch Erhängen verurteilt – dient als düsteres Kapitel in der Geschichte der Liebe und Freiheit. Ihr Schicksal löste eine anhaltende Diskussion über die Grenzen der gesetzlichen Regulierung von persönlichen Beziehungen und die Rolle des Staates in privaten Angelegenheiten aus. »Die Liebenden« wurden zu Symbolfiguren eines Kampfes um Liebe und Freiheit, deren Echo noch Jahrzehnte später in literarischen und philosophischen Werken zu finden ist.

Liebe als höchstes Gut

So endet nicht der Ruf nach Freiheit hier,
die Liebe leitet uns, bringt uns zu dir.
Durch dunkle Zeiten, durch des Zweifels Nacht,
die Liebe hat uns hierhergebracht.
Mit Liebe auf den Lippen, stets so rein,
wird unser Leben mehr als Schatten sein

London, 1824

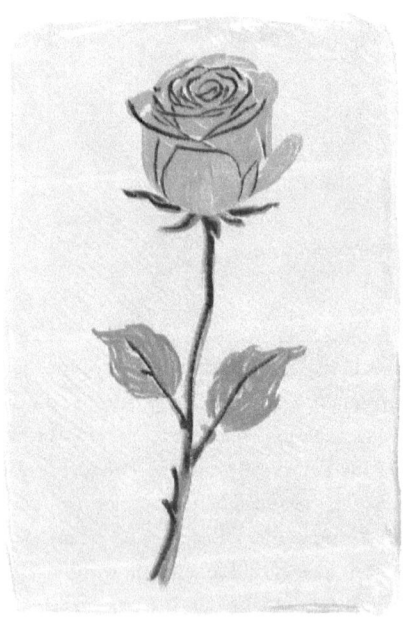

Der Kampf um Liebe

So kämpfen wir, mit Worten, Tat und Traum,
für Liebe, in des Lebens breitem Raum.
Kein Gesetz, kein Befehl, uns halten kann,
wenn Liebe ruft, folgen wir ihrem Bann.
Wir brechen aus, aus alter Fesseln Zwang,
für Liebe leben wir, ein Leben lang.

Suffolk, 1824

Gegen das Joch der Tugend

Warum denn folgen wir alten Gebräuchen,
die uns in Kummer und in Leid versäuchen?
Lasst ab von Tugend, die uns bindet fest,
die Liebe sei es, die uns leben lässt.
Ein Mann, ein Weib, in Liebe rein und wahr,
ist mehr als Pflicht und Ehre, immerdar.

London, 1823

Am Rande der Revolution

Nicht Ketten tragen wir, noch Fesseln schwer,
sondern das Herz, das liebend schlägt so sehr.
Die Liebe, unser Banner, hochgehalten,
in Stürmen, Dunkelheit, in kalten Nächten.
So schreiten wir voran, mit Mut so rein,
die Liebe führend, unser helles Schein'n.

London, 1824

Liebe, unentbehrlich wie das Licht

In dunklen Zeiten, schwer und voller Pein,
wo Pflichten knechten, frei der Geist soll sein.
Wo Liebe flüstert, leise, doch so klar,
gegen die Ströme, gegen das, was war.
Ein Ruf, so mächtig, aus der Tiefe bricht,
nach Liebe, Freiheit, im Verzweiflungslicht.

London, 1823

Goldene Sonnenküsse

In einem Obstgarten, grün und weit,
Wo Pfirsiche reifen in sanfter Streu,
Verweile ich, vom Alltag befreit,
Von der Natur verführt, im Sonnenschein dabei.

Wie goldene Sonnenküsse auf der Haut,
Glühen sie in ihrem zarten Kleid,
Ein Duft, der die Sinne betört und taut,
Inmitten dieser friedlichen Einsamkeit.

Oh, Pfirsiche! Wie die Rose der Nacht,
Versteckt im grünen Gewand,
Einst von einer Bienenkönigin erwacht,
Verkörpern sie die Natur, so fein und charmant.

Ich pflücke einen Pfirsich, reif und weich,
Vom Baum, der voller Liebe schwelgt,
Und koste von seinem süßen, saftigen Reich,
Mein Herz in dieser Stunde zärtlich hegt.

Denn in der Schönheit dieser Frucht,
Find ich Trost und Glückseligkeit,
Ein Zeichen der Liebe, sanft und feucht,
Inmitten dieser friedlichen Zeit.

So lausche ich dem Wind im Obstgarten nah,
Der flüstert mir Geschichten von Liebe und Leid,
Inmitten der Pfirsiche, so nah und so klar,
Erfahre ich das Wunder, das die Natur uns bereit't.

London, 1822

Seemannsgedanken

Im Nebel der Erinnerung steh' ich da,
Ein einsamer Wanderer, auf hoher See so klar.
Mein Herz, ein Schiff auf stürmischer Flut,
Getrieben von Liebe und Verlust, in endloser Glut.

Wie der Falke, der einsam fliegt,
So fühle ich mich, von der Liebe besiegt.
Ein Schatten der Vergangenheit, der mich quält,
In meiner Seele ein Echo, das niemals vergeht.

Die Liebe, ein Ozean, tief und weit,
Doch der Verlust, ein Sturm, der mich von ihr
entzweit.
Wie der Seemann, gefangen in seinem Leid,
Segle ich durch die Dunkelheit, ohne Licht und Zeit.

Die Wellen brechen, das Schiff erzittert,
Mein Herz schlägt wild, von Kummer zersplittert.
Doch in der Weite, ein Hoffnungsschimmer, so fern,
Vielleicht, vielleicht kehrt die Liebe zurück, wie ein
Stern.

So segel ich weiter, auf dem Meer der Zeit,
Gefangen zwischen Liebe und Verlust, in Ewigkeit.
Wie der Seemann, der seine Geschichte erzählt,
So durchlebe ich meine, von Liebe und Verlust
gequält.

Bath, 1823

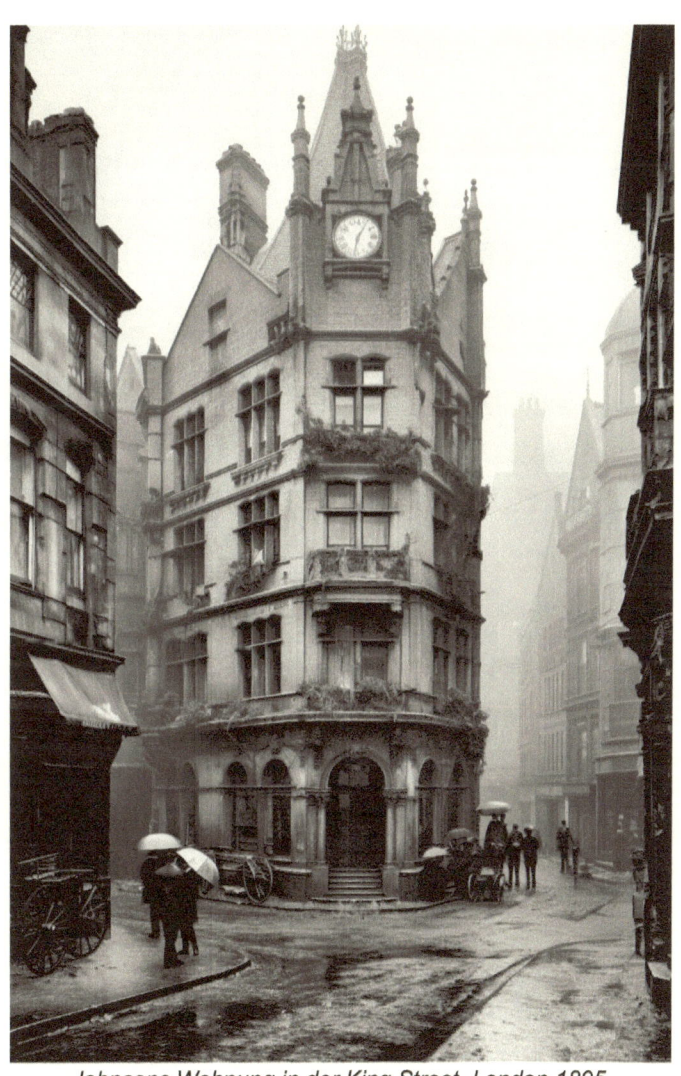

Johnsons Wohnung in der King Street, London 1895

Briefe und Korrespondenz 1833-1840

Von Johnson selbst sind nur wenige Briefe erhalten. Heute geht man davon aus, dass seine Witwe Marigold Johnson das Gros seiner Korrespondenz vernichtet hat.

Einige wenige erhaltene Exemplare finden sich im Nachlass der Familie Brockwood. Da sie aber nur wenig über Johnsons Werdegang verraten, sollen hier insbesondere seine Frau und seine Tochter zu Wort kommen.

London, 1833

Liebste Cassy,

ich kann es kaum erwarten, kommende Woche wieder von dir in den Arm genommen zu werden. Ihr haltet euch viel zu selten in London auf. Nimmt der Viscount seine Verpflichtungen auf dem Land nicht zu ernst? Können sie so viel wichtiger sein, als seine Verpflichtungen in der Stadt? Wohl kaum. Ich rate dir, noch einmal mit ihm zu sprechen. Er kann dich und die Kinder doch nicht zwingen, eure ganze Zeit zwischen Schafen und Apfelbäumen zu verbringen. Obwohl mir die Abgeschiedenheit des Landlebens in letzter Zeit immer attraktiver erscheint. Man ist nicht so leicht erreichbar. Wenn Alfred doch nicht weiterhin aus allen Ländern der Welt Post bekäme.

Wieder sind Briefe angekommen. Ich gönne ihm jedes Lob, jedes Wort der Bewunderung, wären sie doch nur nicht andauernd von weiblichem Publikum. Wissen diese Frauen nicht, dass er verheiratet ist? Unverschämt finde ich das. Man schreibt keinem Mann, den man nicht persönlich kennt. Das macht man nicht.

Alfred nimmt die Post gelassen, aber ich weiß, das tut er nur meinetwegen. Er will nicht, dass ich mich aufrege. Dabei habe ich ihn neulich dabei erwischt, wie er bei Kerzenschein, mit einem ganz verklärten Blick all seine Liebhaberpost durchgelesen hat und für kein vernünftiges Gespräch mehr zu haben war. Auf einmal sprang er auf und fing an wieder wie ein verrückter zu Schreiben. Das hat er schon lange nicht mehr getan. Es ärgert mich. Sicher inspiriert ihn die Bewunderung, doch das sollte nicht so sein. Nicht bei einem verheirateten Mann. Ich sollte die Quelle seiner fruchtbaren Gedanken sein, denn ich bin seine Frau. Ich werde alles verbrennen, wenn er außer Haus ist und ich werde dem Butler sagen, er soll die Post zukünftig mir überreichen.

Ach, Cassy, ich sehne mich so nach dir. Ich zähle die Tage. Oh, und bevor ich es vergesse, ein neues Hündchen ist bei uns eingezogen.

53

Freddy ist ein Goldstück. Du wirst ihn lieben. Er ist so klein. So winzig!

Deine Mari

*

London, 1836

Liebste Cassy,

seit drei Tagen ist die Persephone an der Normandie auf einer Sandbank aufgetrieben und gesunken und beinahe jeder (selbst eine Katze!) so berichtet man, hatte sich an den nahen französischen Strand retten können. Nur mein armer Alfred bleibt verschwunden. Wie vom Erdboden verschluckt ist er. Man habe nach ihm suchen lassen, selbst Franzosen aus dem Nachbardorf haben sich daran beteiligt.

Wie kann es sein, dass mein armer Alfred die einzige verlorene Seele dieser unnötigen und ärgerlichen Katastrophe sein muss? Das glaube ich nicht, das möchte ich nicht glauben. So jemand wie Alfred ertrinkt doch nicht einfach auf einem Schiff und lässt mich und meine Mädchen allein. Gott kann uns das unmöglich antun. Ich weigere mich, das hinzunehmen.

Cassy, meine Not ist unbeschreiblich, denn ohne Alfred mangelt es uns an allem. Kein Geld haben wir, und das Personal frisst mir die Haare vom Kopf. Wann wird der Viscount in London eintreffen? Ich weiß, du kannst ihn schlecht entbehren, aber ich brauche ihn dringender. Die Mädchen sind ohne Vater, ohne Patron. Wie soll ich sie verheiraten, wenn man Alfred nicht findet? Wer will sie schon als Halbwaise und mich, eine kränkelnde Alte.

Alfred kann nicht tot sein. Nein, ganz sicher nicht. Die Leute müssen besser suchen. Am besten seine Lordschaft weist sie an. Er ist so kompetent in solch pragmatischen Dingen. Sobald er dort ist, würde er Alfred auf der Stelle finden. Lebend natürlich. Seine Lordschaft macht das schon.

Wieso nur musste er überhaupt nach Preußen fahren? Hätte er doch nur auf mich gehört.

In tiefer Verzweiflung,
deine Mari

*

London, 1839

Liebe Tante Cassandra,

mein lieber Vetter hat mir aus Cambridge geschrieben. Ich hoffe, ihn dort sehr bald mit meinen Schwestern besuchen zu können. Wir werden bei Mr. und Mrs. Wycliff wohnen, die so freundlich sind, uns während unseres Aufenthalts aufzunehmen.

Ich hoffe Ihr und der Viscount seid wohlauf?

Mama hat eine gute Phase, vielleicht bedingt vom Wetter, doch ich fürchte, lange wird das nicht mehr anhalten und sie verfällt wieder in ihre alte Schwermut.

Der Ausblick auf die Veröffentlichung von Vaters hinterlassenen Essays scheint sie gleichermaßen zu erfreuen und zu belasten. Dennoch muss ich dem Viscount danken, dass er sich des Unterfangens angenommen hat.

Richtet bitte auch Mrs. Green meine Grüße aus.
Eure Nichte Daphne

*

55

Liebste Cassy,

besten Dank für das Päckchen zu Carolines Geburtstag. Das Mädchen hat sich so gefreut. Sie will dir selbst schreiben - hat es vielleicht schon, ich weiß es nicht. In letzter Zeit plagen mich schreckliche Kopfschmerzen. Der Tag, an dem mein armer Alfred verschwand, nähert sich und mit ihm schwindet meine Hoffnung, ihn jemals wieder küssen und in die Arme nehmen zu können. Drei Jahre sind es nun schon. Ohne eine Spur.

Caroline ist nun beinahe eine Frau. Wie die Zeit vergeht. Und jeden Tag sieht sie ihm ähnlicher. Auch wenn ich mich mittlerweile daran gewöhnt habe, ohne ihn zu leben, so zerreißt mir ihr Anblick manchmal das Herz. Vor zwei Tagen erhielt ich recht seltsame Post, an Alfred gerichtet. Von seinem preußischen Verleger. Darin erinnerte er meinen armen Mann an einen vor zwei Jahren geleisteten Vorschuss. Er hegt die Erwartung, bald einen weiteren Band veröffentlichen zu können. Kann das ein Fehler sein? Kann er sich geirrt und statt den drei Jahren, die er nun fort ist, zwei geschrieben haben? Und warum adressiert er den Brief an Alfred und nicht an mich, an jene, die seinen Nachlass verwalten? Nachlass. Allein das Wort lässt mich frösteln.

Übrigens, ich habe sie neulich im Park gesehen. Ich muss nicht erst schreiben, wen ich meine. Es war nur von weitem und doch musste ich bei ihrem Anblick einen Moment innehalten, so wütend wurde ich sofort. Sie ist immer noch eine hässliche Kuh und jedes Jahr, das sie älter wird, macht es nicht besser. Der Zahn der Zeit hat an ihr genagt und ich muss gestehen, auch wenn du mich deswegen wieder schelten würdest, dass ich erleichtert bin. Sie soll vergehen, am besten so schnell wie möglich. Diese Frau hat mein Leben ruiniert. Ich tröste mich manchmal mit dem Gedanken, dass er mich wenigstens nicht für sie verlassen hat, sondern lediglich ertrank.

Ich muss mich nun sputen und mit den Mädchen zur Kirche. Mama und Papa werden auch anwesend sein. Papa drängt darauf, endlich die Sterbeurkunde unterzeichnen zu lassen, aber ich weigere mich. Und ich werde auch nicht erneut heiraten, auch wenn Mama in jedem ledigen Gentleman, den man uns vorstellt, meinen neuen Ehemann erkennen will. Mein Herz ist nicht so wankelmütig.

Ich denke an dich,
  Deine Mari

*

Cambridge, 1839

Liebe Tante Cassandra,
  ich schreibe Euch aus Cambridge. Welch wunderbare Stadt das doch ist. So ganz anders als London.
  Mein lieber Vetter und ich spazieren jeden Tag über die Brücken und schauen auf den Fluss. Er hat eine ganz andere Farbe als die Themse und fängt vor allem abends das Sonnenlicht ein.
  Ich soll Euch recht herzlich von den Wycliffs grüßen, die uns die allerbesten Gastgeber sind. Sie haben mich überredet, noch vierzehn Tage länger zu bleiben, und, auch wenn ich fürchte, dass ich ihnen langsam zur Last falle, ich könnte nicht glücklicher darüber sein.
  Caroline und Samantha sind bereits abgereist. Mama konnte sie nicht länger entbehren. Ihr Nervenleiden scheint in letzter Zeit schlimmer geworden zu sein. Ich beginne mir ernsthaft Sorgen um sie zu machen, auch wenn ich gestehen muss, dass es mir im Moment schwerfällt, an sie zu denken, bei all den Ablenkungen, die sich mir hier bieten.
  Ach, liebe Tante, alles hier ist so aufregend. Der junge Mr. Jonathan Wycliff wird nicht müde, mir die Stadt zu zeigen, und ist

zudem der liebenswerteste Gentleman, den man sich nur vorstellen kann. Mama hört es nicht gern, wenn ich von ihm erzähle.

Ich wage den Gedanken kaum zu denken, und doch wäre es möglich, dass er mir vor meiner Abreise einen Antrag macht. Wenn es wirklich so kommt, ich wagte es nicht, Mama davon zu berichten. Wie sollte ich ihr das erklären? Sie würde niemals zustimmen. Niemals.

Liebe Tante, ich freue mich auf Eure Antwort und verbleibe mit den allerbesten Wünschen,

Daphne

*

London, 1839

Cassy,

Alfred lebt. Ich bin mir sicher. Er lebt!

Italien! Ist das zu glauben? Er ist in Italien! Daran kann nun kein Zweifel mehr bestehen.

Papa und Mama glauben mir nicht, sie denken, ich hätte Hirngespinste, aber es ist klar. Die Briefe, die er in den letzten Jahren erhalten hat, sprechen eine eindeutige Sprache.

Ich muss diesem preußischen Verleger beinahe dankbar sein. Hätte er seinen Brief nicht an mich adressiert, ich hätte nie Alfreds Unterlagen erneut durchsucht. Jetzt ergibt alles einen Sinn. Vor genau drei Jahren, kurz vor seinem Verschwinden, erhielt er den letzten Brief aus Italien. Wozu weiter schreiben, wenn er sich nun selbst dort aufhält? Er hatte schon immer ein Auge auf dieses Land geworfen und nun offenbar auch auf seine Bewohnerinnen. Das Gedicht, das das beweist, schicke ich dir mit.

Die Post war von einer Sängerin, kannst du dir das vorstellen? Sie ist nicht mal von Stand. Ach, er ist so weit gesunken, liebe Cassy. Was soll ich nur tun?

Kannst du nicht den Viscount bitten, er möge ihm jemanden hinterherschicken, nun, da klar ist, wo er sich aufhält? Kann er ihn nicht zurückholen? Dieses alberne Verhalten schadet nicht nur Alfreds Reputation als Künstler, nein, auch mein Ruf ist für immer geschädigt, wenn er nicht bald zurückkehrt. Das Wohl seiner Töchter scheint ihn ebenso wenig zu interessieren.

Was soll ich nur tun?

Mari

*

Sehnsucht in weiter Ferne

Im fernen Land, wo Sonnenstrahlen tanzen,
Ein Dichter wandert, von Blumen umschwärmt,
Von Wein betört, von Liedern umgarnt,
Er träumt von Liebe, die nie verbannt.

Die Muse singt mit süßer Melodie,
Die Sängerin in ihrem Lied erglüht,
Doch in der Ferne, in der Tiefe der See,
Ein Herz bleibt einsam, sucht nach Ruh'.

In fremden Landen, unter Sternenpracht,
Verliert er sich in zärtlicher Glut,
Doch in der Ferne, in der finstren Nacht,
Ein Herz voll Sehnsucht, das nach Heimat ruft.

Möge dieses Lied dir Trost und Hoffnung spenden,
Während wir nach Wegen suchen, um zu helfen und
zu wenden,
Die dunklen Zeiten, die das Schicksal bringt,
Für mich und für dich, mein liebes Kind.

London, 1830

Liebe Tante Cassandra,

Mama ist zu nervös, um eine Feder zu halten, daher bat sie mich, Euch an ihrer Stelle zu antworten. Sie ist weiterhin von der fixen Idee, selbst nach Italien zu fahren, nicht abzubringen. Notfalls fährt sie allein, doch das lasse ich nicht zu. Sie hat bereits Kontakt mit der Agentur aufgenommen und lässt für uns beide Tickets für die Überfahrt buchen. Ich soll Euch ausrichten, dass der Preis höher ist, als erwartet. Sie bittet den Viscount höflich, uns noch ein wenig Geld zu schicken.

Sie fragt weiterhin, ob seine Lordschaft einen seiner Männer entbehren kann, um uns zu begleiten. Falls nicht, reisen wir notfalls auch ohne männliche Begleitung.

Ach, liebe Tante, mir ist ganz unwohl bei dem Unterfangen. Was verspricht sich Mama nur davon? Selbst wenn es wahr ist und Vater lebt, so ist dennoch fraglich, ob er uns zurück nach England begleitet. Wollte er zu uns zurückkehren, hätte er es nicht längst getan?

Täglich rede ich auf sie ein, versuche die Stimme der Vernunft zu sein, doch sie ist wie in einem Fieberwahn gefangen. Ich fürchte, bevor sie nicht italienischen Boden unter ihren Füßen spürt, gibt sie keine Ruhe.

Antwortet mir bitte recht bald,

Eure Daphne

*

London, 1839

Liebe Tante Cassandra,

nun sind es nur noch vier Tage bis zu unserer Überfahrt. Mama läuft den ganzen Tag im Haus herum und trinkt Kaffee. Literweise.

Sie tut kein Auge zu. Ich sorge mich langsam um ihre Gesundheit. Selbst die Hündchen können mit ihrer quirligen Art nicht mithalten.

Manchmal hadert sie noch mit der Entscheidung, sie alle hier zu lassen, aber glücklicherweise nie lange.

Caroline und Samantha freuen sich, dass sie bei Euch bleiben dürfen und nicht bei Großmutter wohnen müssen. Justine hat ihnen bereits geschrieben, dass der Viscount mindestens zwei Bälle in Buckanay House abhalten will, während ihrer Anwesenheit. Sie könnten glücklicher nicht sein.

Ich müsste lügen, würde ich sagen, dass ich sie nicht beneide. Allein der Gedanke an die lange Überfahrt und dann quer über den Kontinent... Nicht nur die Reise beunruhigt mich, auch die Tatsache, dass ich Mr. Wycliff vielleicht über Monate nicht wiedersehen werde, schnürt mir die Luft ab. Mama will nach wie vor nichts von ihm wissen. Ich hoffe nach meiner Rückkehr auf das gute Zureden des Viscounts. Ihr und Euer Mann seid die beiden einzigen Menschen, auf die Mama zu hören scheint.

So lege ich meine Hoffnungen und Wünsche in Eure Hände, liebe Tante, und bete für ein baldiges Wiedersehen.

Daphne

*

Rom, 1840

Liebe Tante Cassandra,

Morgen verlassen wir endlich Italien. So herrlich die Sonne hier auch scheint und so herzlich man uns hier empfangen hat, so wird es doch höchste Zeit, heimzukehren. Ich kann es kaum erwarten, wieder die Steilküsten unseres schönen Englands zu erblicken. Mag Italien auch noch so viele Freuden versprechen, so war unser Zuhause doch noch nie so verheißungsvoll wie jetzt. Ich hoffe, Mr.

Wycliff schon sehr bald wiederzusehen. Ich wage es nicht, ihn vor Mama zu erwähnen. Ihr Herz ist gebrochener denn je. Sie gibt Italien die Schuld, glaubt, das Land würde ihr Vater absichtlich vorenthalten.

Die Reisekasse reicht gerade noch für die Rückfahrt, den Rest hat Mama in die Kollekten der Kirchen und Klöster getan, in der Hoffnung, der Herr würde ihr Unterfangen unterstützen. Nun grollt sie auch den Geistlichen. An jeder Ecke vermutet sie Verrat und Betrug, und dass Vater absichtlich alle seine Spuren verwischt hat. Es ist uns nicht mal gelungen, die Sängerin aufzuspüren. Vermutlich, weil sie unter verdecktem Namen auftritt. Mama will zeitlebens keine Sängerinnen mehr sehen, hat es sogar geschworen.

Ich kann nicht sagen, dass sie der Aufenthalt auf dem Kontinent glücklicher gemacht hat. Im Gegenteil. Dennoch kehren wir heim. Das ist das Einzige, was im Moment zählt.

Deine Daphne

Literaturverzeichnis

Henry T. Clarkson (Cambridge, 2020): »Liebe als Widerstand: Die gesellschaftlichen Implikationen in Alfred Johnsons Schriften.« - Clarkson analysiert, wie Johnsons Texte sich gegen die gesellschaftlichen Normen seiner Zeit stellen.

Jonathan E. Hargreaves (London, 1842): »Schatten der Freiheit: Die Geschichte der Liebenden von 1837« – Hargreaves betrachtet die Bewegung kritisch, liefert eine detaillierte Darstellung der Ereignisse, der Ideale der Gruppe und der tragischen Folgen ihres Aufbegehrens.

Fiona D. Gregson (Oxford, 2019): »Alfred Johnsons literarisches Vermächtnis: Einfluss und Inspiration für das moderne Denken.« - Gregson untersucht Johnsons nachhaltigen Einfluss auf spätere Generationen von

Schriftstellern und Denkern.

Maria S. Wellington (Cambridge, 1912): »Liebe gegen das Gesetz: Das Vermächtnis der Liebenden« – Das Werk leistet einen wichtigen Beitrag zur Diskussion über die Natur der Liebe und die Grenzen gesellschaftlicher Kontrolle.

Oliver P. Thomson (Berlin, 2024): »Alfred Johnson und ‚Die Liebenden': Ein kritischer Blick auf Liebe und Rebellion.« - Thomson beleuchtet die Beziehung zwischen Johnsons Werk und der fiktiven Gruppe »Die Liebenden«, die für die Legalisierung des Ehebruchs kämpfte.

Sophia L. Müller (Stuttgart, 2018): »Dichtung als Spiegel der Gesellschaft: Der sozio-kulturelle Kontext in Alfred Johnsons Werken.« - Mueller erforscht, wie Johnsons Poesie die sozialen und kulturellen Spannungen seiner Zeit reflektiert.

Nathan R. Brooks (Oxford, 2017): »Romantik und Revolution: Alfred Johnsons Beitrag zur politischen Poesie.« - Brooks diskutiert, wie Johnsons Poesie sowohl die romantischen als auch die revolutionären Strömungen seiner Epoche verkörpert.

Lily H. Warner (London, 1999): »Über die Grenzen der Liebe: Alfred Johnsons Auseinandersetzung mit moralischen Dilemmata.« - Warner analysiert Johnsons komplexe Darstellung moralischer Fragen im Kontext der Liebe und Treue.

George F. Carlisle (Frankfurt a. M. 2022): »Das Echo der Freiheit: Alfred Johnsons Einfluss auf die französische Romantik.« - Carlisle untersucht die Rezeption und Wirkung von Johnsons Ideen in Frankreich und deren Einfluss auf die französische romantische Bewegung.

Pavel Kuznetsov (1785): »Russische Märchen: Eine Sammlung traditioneller Geschichten« – eine Sammlung russischer Märchen.

Rachel E. Thompson (Utah, 2023): »Alfred Johnson: Der Unbeugsame. Eine Studie über Liebe, Verlust und literarische Unsterblichkeit.« - Thompson beleuchtet Johnsons persönliche Tragödien und deren Einfluss auf sein literarisches Schaffen.

Isabel K. Davies (Cambridge, 2024): »Der Vater des Gedankens: Alfred Johnson als der Wegbereiter der Polyamorie.« - In diesem bahnbrechenden Werk untersucht Davies, wie Alfred Johnson durch seine radikalen Vorstellungen von Liebe und Beziehungen als einer der frühen Befürworter der Polyamourie angesehen werden kann.

Wilhelm Hanau (Wien, 1934): »Alfred Johnson – ein Leben in Unschuld« – das Werk analysiert ausführlich Johnsons Tagebuchaufzeichnungen und Korrespondenzen.

VORWORT

Als ich dieses Skript zum ersten Mal in Angriff nahm, tat
ich dies unter einem Pseudonym, getrieben von der
Absicht, ein satirisches Projekt zu erschaffen. Mein Ziel
war es, die Klischees gängiger historischer Romane nicht
nur zu nutzen, sondern sie zu überspitzen. Ich wollte die
Absurditäten und Übertreibungen, die so oft in diesem
Genre zu finden sind, beleuchten und damit auch die
Grenzen der literarischen Konventionen ausloten.

Sehr schnell wurde mir jedoch bewusst, dass in diesem
spielerischen Unterfangen ein unerwartetes Potential
schlummerte. Es enthielt Elemente, die, obwohl
ursprünglich in einem überzogenen Kontext präsentiert,
die Basis für etwas Neues und Innovatives bieten
könnten. Vor diesem Hintergrund traf ich, gemeinsam mit
Dina Beck, die Entscheidung, das Skript einer
grundlegenden Überarbeitung zu unterziehen – es zu

»grundsanieren«, wie wir es nannten. Unser Ziel war es, die originellsten und fruchtbarsten Ideen zu bewahren und gleichzeitig die Schwächen der ersten Fassung zu beheben.

Ein wesentlicher Schritt in diesem Prozess betraf die Charakterentwicklung. Ursprünglich waren die Figuren mit Absicht oberflächlich gestaltet, um die satirische Wirkung zu verstärken. Jetzt stand ich vor der Herausforderung, ihnen Tiefe und Authentizität zu verleihen, sie aus ihren karikaturhaften Anfängen herauszuführen und in überzeugende Persönlichkeiten zu verwandeln. Ebenso musste ich den Plot sorgfältig überarbeiten, um eine schlüssigere und fesselndere Geschichte zu schaffen.

Das Ergebnis dieser intensiven Überarbeitungsphase liegt nun vor dir, liebe Leserin und Leser. Es bietet einen einzigartigen Einblick in die Entstehung eines Romans, der aus einem satirischen Experiment erwachsen ist. Es demonstriert, wie eine anfängliche Idee, die lediglich dazu gedacht war, mit literarischen Konventionen zu spielen, durch Kreativität und sorgfältige Bearbeitung in ein anspruchsvolles literarisches Werk transformiert werden kann.

Für diejenigen unter euch, die sich für den Prozess der literarischen Kreation interessieren oder die Unterschiede zwischen der ursprünglichen und der überarbeiteten Fassung erkunden möchten, bietet das Original eine faszinierende Lektüre. Es lädt dazu ein, die Entwicklung eines Romans nachzuvollziehen, der letztlich aus der Freude am literarischen Experiment und aus der Bereitschaft, kreative Risiken einzugehen, entstanden ist.

Leah Hasjak

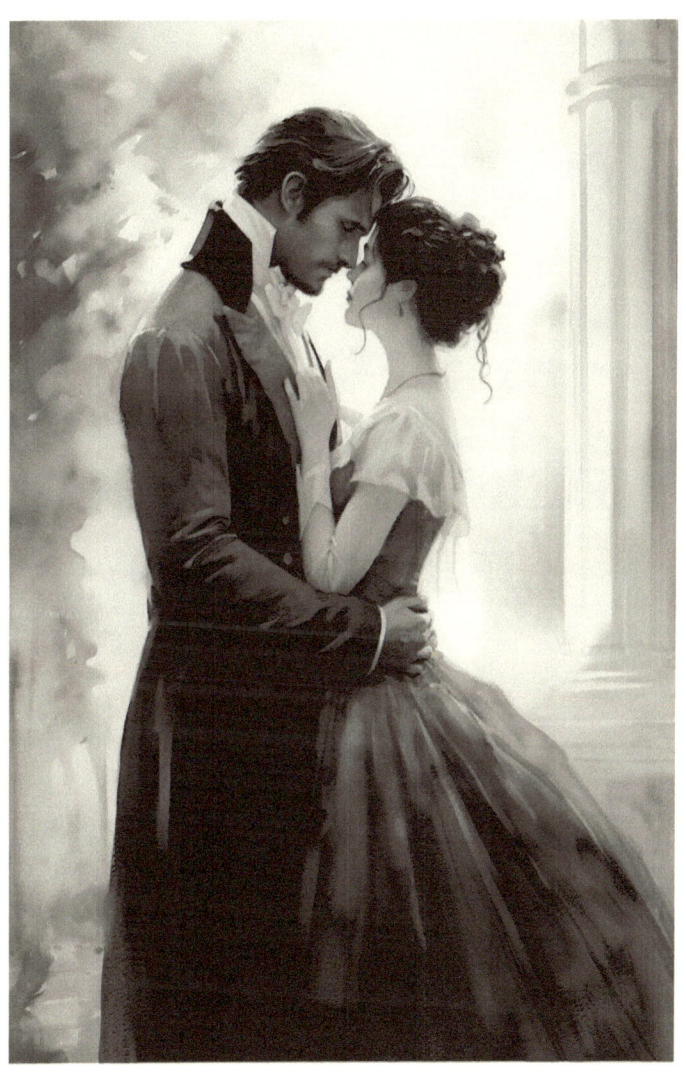

DER HISTORISCHE LIEBESROMAN

Hauptsache ein Herzog im Titel

Für meine Katzen.

Poesie, die die Liebe im Keim erstickt

London, 1823

»Mir will das Gedicht nicht aus dem Kopf gehen«, sagte Katrin zu ihrer Cousine und hakte sich bei ihr unter. Die zwei jungen Frauen flanierten an einem frühen Herbstmorgen im King George Park, erfreuten sich an der herbstlichen Pracht der Bäume und anderer junger Menschen, die es ihnen gleichtaten. »Du weißt schon, das Gedicht des anonymen Dichters aus der Zeitung, das ich dir gestern vorgelesen habe. Seine Verse klingen in meinem Kopf noch immer nach.«

»Woher willst Du wissen, dass es von einem Mann stammte? So schnulzig, wie es klang, hätte es auch von einer Dichterin sein können«, erwiderte Cecilia und ignorierte die Blicke der entgegenkommenden jungen Männer, die sie und Katrin interessiert betrachteten.

»Niemals! Das waren die Worte eines unglücklich verliebten Mannes. So etwas höre ich heraus.«

»Oder die eines Narren, der sämtliche Körperteile mit Blumen vertauscht, weil er nicht tapfer genug ist, sie beim Namen zu nennen.«

Schockiert blieb Katrin stehen und sah Cecilia tadelnd an.

»Wie kannst Du nur so unromantisch sein? Kein Wunder, dass aus dir bald eine alte Jungfer wird. Wenn Du weiterhin auf solch gefühlskalte Weise auf ein ehrliches, aus tiefstem Herzen empfundenes und erhabenes Gedicht reagierst, bleibst Du allein und stirbst allein.«

»Das, liebste Katrin, will ich doch hoffen«, erwiderte Cecilia. Die zwei Frauen wollten weiter des Weges, als plötzlich in der Nähe eine klare Männerstimme schnulzige Verse vortrug.

Katrin drehte sich neugierig in die Richtung, aus der die Reime kamen. Ihre Cousine schüttelte den Kopf und lief ohne sie weiter, doch Katrin kam ihr hinterher, packte sie begeistert an der Hand und zog sie näher zu der Traube junger Menschen, die in kleinen Grübchen auf der Wiese saßen und ergriffen lauschten.

Ein junger Gentleman, im grauen Smoking und lässig geöffneter Fliege, trug inbrünstig, vielgestikulierend und von dem, was er vorlas pathetisch ergriffen, ein Gedicht vor. Mal flüsterte er, mal wurde er an unpassenden Stellen lauter. Von seinen schwülen Worten peinlich berührt, drehte sich Cecilia von ihm weg und wüsste sie nicht, wie unhöflich es auf andere wirken würde, so hätte sie sich nur zu gern die Ohren zugehalten.

Solch neuartige Rührseligkeit – eine europaweite Modeerscheinung - bereitete ihr Kopfschmerzen. Natürlich lauschte Katrin, die mit ihren siebzehn Jahren mehr Kind als Frau und übertrieben romantisch veranlagt war, angetan den Versen und wollte ihre Augen nicht von dem jungen Mann wenden, der bei den letzten drei Zeilen zu allem Überfluss angefangen hatte zu weinen.

Katrin seufzte laut und ergriffen auf, fasste sich - wie er es auch tat - ans Herz und blinzelte die Tränen aus ihren Augen fort.

»Seine Verse klingen so vertraut«, flüsterte sie Cecilia mit belegter Stimme zu. »Er muss der anonyme Dichter aus der Zeitung sein. Es ist mir, als würde ich ihm schon eine Ewigkeit lauschen.«

»Mir geht es genauso. Deswegen sollten wir gehen. Wir sind bereits zu spät dran und mehr als ein Gedicht am Tag ertrage ich nicht«, flüsterte Cecilia zurück.

Katrin ignorierte sie und trat noch näher an die Bühne heran, um den Dichter und seine Begleitung aus der Nähe zu betrachten. Neben dem weinerlichen Kerl stand, um Haltung und ein neutrales Gesicht bemüht, ein zweiter Gentleman im Smoking. Sie kamen aus der Oper oder von einem Ball, hatten sich die Nacht um die Ohren geschlagen und sich am frühen Morgen hier eingefunden. In einem öffentlichen Park, um Gedichte vorzutragen.

Die Mundwinkel des zweiten Mannes zuckten hin und wieder verdächtig amüsiert. Er hatte Mühe, nicht über die Worte seines Freundes zu lachen. So, wie es ihm erging, erging es auch Cecilia.

Katrin schnäuzte in ein Taschentuch, sobald die letzten Worte verklungen waren. Ein lauter, kollektiver Seufzer rührseliger Erregung ging durch die Menge.

Bevor sie sich noch ein weiteres Gedicht dieser Art

anhören musste, packte Cecilia Katrin am Ellbogen und zog sie mit sich.

»Nein, nicht doch! Lass uns noch etwas bleiben, liebste Cousine.«

»Auf gar keinen Fall. Wir sind zu spät dran. Tante Olivia hasst es zu warten und ich allein bekomme ihre Rüge ab. Komm.«

Katrin warf einen sehnsuchtsvollen Blick auf den Dichter, der sich verlegen im Applaus sonnte und nicht von der kleinen improvisierten Bühne weichen wollte, bevor sie sich mitziehen ließ.

♠

Lord Bolton, auch bekannt unter dem Namen Jonathan Brookwood, stand geduldig neben der kleinen Bühne und wartete, bis sein junger Freund endlich kam. Sie waren auf den Weg vom Gentlemens` Club nach Hause gewesen, als Alfred die Gelegenheit, eins seiner Gedichte vorzutragen, ergriff, sich spontan auf das Podest stellte und vor einem zufälligen Publikum Zeilen vortrug.

Zu Jonathans Überraschung fanden sich junge Menschen ein, die tatsächlich Gefallen an den blumigen Worten seines dichterischen Freundes finden konnten. Insbesondere Frauen ließen sich zu tiefen Seufzern hinreißen, was Jonathan in der Annahme bestärkte, dass das schöne Geschlecht leicht zu beeindrucken und so naiv wie ein fünfjähriges Kind war.

»Ich fühle mich am Leben!«, verkündete Alfred und kam die Holzstufen hinunter gesprungen. »Nur Poesie vermag es, mich in solche Ekstase zu versetzen. Poesie und die Liebe einer Frau.«

»Schön. Weiß du, was mich in Ekstase versetzt?«, fragte

Jonathan ihn und machte Anstalten, endlich zu gehen.

»Viel Whiskey und nach alten Lederstiefel stinkende Zigarren?«

»Unter anderem, ja.« Lord Bolton lachte über Alfreds trockene Erwiderung. »Im Moment ist es lediglich mein Bett. Der Gedanke daran, in ihm zu liegen, bringt mich beinahe dazu selbst zu dichten.«

»Lieber nicht. Überlasse das Dichten mir.«

Die zwei Männer führten ihren Heimweg fort. Alfred sonnte sich, seines guten Aussehens und der noblen Worte bewusst, in den bewundernden Blicken der Frauen, an denen sie vorübergingen.

»Ich wünschte«, sagte er, »Lady Jane wäre hier und hätte meine Worte vernehmen können. Ich würde alle Zuhörer der Welt gegen sie eintauschen.«

Jonathan unterdrückte ein Gähnen. Er hatte dieses Thema um Lady Jane satt. Vor ein paar Wochen hatte sein Freund die besagte Dame auf einen Ball erblickt, sich aus der Ferne in sie verliebt und ihr von da an jedes Gedicht gewidmet. Bis zum heutigen Tage hatte er jedoch kein Wort mit ihr gewechselt, dafür dutzende Gedichte verfasst, die er durch Jonathans gute Kontakte in Zeitungen habe unterbringen können.

Alfred war zu der festen Überzeugung gelangt, dass Lady Jane von seiner Existenz ahnte, ihn ebenfalls innig liebte und nur darauf wartete, dass er ihr seine Liebe offenbarte.

Jonathan dagegen ging davon aus, dass diese Lady Jane nicht die geringste Ahnung hatte, dass Alfred existierte. Zu seinem Unglück wollte sein junger Freund nichts davon hören und bestand darauf, sich auf so vielen Bällen sehen zu lassen wie möglich. Und da Lord Bolton ein guter und treuer Mensch war, begleitete er seinen hoffnungslos romantischen Dichterfreund auf diese drögen Veranstaltungen, selbst, wenn das bedeutete, aufdringliche Mütter mit langweiligen, jungfräulichen Töchtern anzulocken, die hinter nichts anderem her waren als seinem Vermögen.

Bälle waren, so Lord Boltons Meinung, der sicherste Ort sich das größte Unglück im Leben eines jeden Mannes einzufangen:

Eine Ehefrau.

♠

Die Collins, Katrins Eltern und Cecilias Tante und Onkel, waren ein gläubiger, leicht einfältiger Menschenschlag, ausgestattet mit starren, unbeugsamen Überzeugungen über die Welt und abenteuerlichen Prinzipien, die einzuhalten sie von anderen erwarteten.

Cecilia hegte gegenüber ihrer Tante Olivia und ihrem Onkel Matthew ambivalente Gefühle. Einerseits war sie ihnen sehr dankbar, dass man sie in Zeiten der Not aufgenommen, ihr ein Dach über dem Kopf, sowie Nahrung und Kleidung gegeben hatte, anderseits tat man das aus Pflichtgefühl gegenüber Cecilias toten Eltern, und nicht aus ehrlich empfundener Zuneigung und Wertschätzung heraus.

Cecilia wurde mit acht Jahren aufgenommen, aber man hatte sie stets deutlich spüren lassen, dass man sie als die Bürde eines strengen Gottes betrachtete, der die Geduld von Tante und Onkel prüfen wollte.

Tante Olivia rümpfte zum wiederholten Male die Nase und stellte pikiert ihre Teetasse mit einem lauten Klirren ab.

»Wie ärgerlich, sich beim Frühstück hetzen zu müssen.

Es hätte so ein vergnüglicher, gemütlicher Morgen werden können.«

Gemütliche Tagesanfänge waren für Tante Olivia unverzichtbar. Sie war der Meinung, dass zu viel Gewusel am Tag Menschen das Leben kosten würde. Man sollte sich von unangenehmen Menschen und Situationen fernhalten, stets pünktlich sein und bloß nicht negativ auffallen. Aus diesem Grund war sie den restlichen Vormittag auf Cecilia schlecht zu sprechen.

Wie immer ging sie davon aus, dass Cecilias Wunsch, den größten Teil ihrer freien Zeit außerhalb des Hauses zu verbringen, ihre junge Tochter stets in die Verlegenheit von Unpünktlichkeit brachte. Cecilia verzichtete darauf, ihrer Tante zu sagen, dass sie lieber ohne Katrin vor die Tür gehen würde. Aber dann müsste die Tante selbst auf ihre überdrehte, laute Tochter achtgeben, was sie wiederum in Unruhe versetzen könnte. Jene Unruhe, die Menschen, so Tante Olivia, in den Tod trieb.

Anstatt sich zu rechtfertigen, blickte Cecilia aus dem Fenster und wünschte sich in die Einsamkeit der schottischen Highlands zurück, den Ort ihrer glücklichen Kindheitstage.

»Ihr übertreibt, Mama, wir waren nur zehn Minuten zu spät«, sagte Katrin und trank vergnügt ihren Tee. Ihre Füße wippten unter dem Tisch hin und her. »Habt Ihr Maria aufgetragen die Spitze meines Ballkleids im französischen Stil zu erneuern?«

Die junge Frau konnte es kaum erwarten aus dem Salon zu kommen, Papier und Tinte zu schnappen, sich im kleinen Garten des Londoner Stadthauses eine Bank zu suchen und ihre Gefühle gegenüber dem jungen Dichter aus dem Park in Worten für die Nachwelt festzuhalten. Sie würde erneut einen anonymen Brief an die Zeitung verfassen, in der sie die Gedichte entdeckt hatte und ihm ihre Liebe gestehen.

Cecilia ahnte bereits, dass sie das Geschreibsel nachmittags lesen und besprechen musste. Da sie Katrins Gesellschafterin war, blieb ihr keine Wahl. Seit Monaten waren die romantischen Schwärmereien ihrer Cousine das einzige Gesprächsthema zwischen ihnen. Katrin konnte und wollte über nichts anderes mehr reden.

»Natürlich, Liebes, wenn nicht ich, wer sonst würde sich um die wichtigen Dinge in diesem Haus kümmern?« Der vorwurfsvolle Blick ihrer Tante ließ Cecilia kalt. Sie rührte in ihrem Tee und lächelte gelassen.

»Ich danke euch, Mama. Ich werde mich nun…«, bevor Katrin zu Ende sprechen konnte, legte Tante Olivia eine Hand auf die ihrer Tochter und beugte sich verschwörerisch zu ihr vor.

»Morgen Abend wird Lord Bolten wieder auf dem Ball sein«, verkündete sie und ein breites Lächeln umspielte ihre Lippen.

»Wer?«, fragte Katrin und blickte ihre Mutter ungeduldig an. Sie wollte unbedingt für sich sein und von dem jungen Dichter aus dem Park träumen.

»Katrin, ich bitte dich, Lord Bolten, Jonathan Brookwood. Wo hast Du nur deinen Kopf? Der Mann ist seit Wochen auf jeden wichtigen Ball anzutreffen. Man munkelt, er wäre auf Brautschau. Ist auch höchste Zeit. Er ist im besten Alter endlich einen Erben zu zeugen.«

Katrin machte weiterhin ein ratloses Gesicht.

»Kannst Du dich wenigstens an Lord Bolten erinnern, Cecilia? Hochgewachsener Mann mit guter Haltung und dunklem Haar. Letzte Woche wären wir ihm beinahe vorgestellt worden, hätte sich ihm nicht Mrs. Granger und ihre dicke Tochter aufgedrängt.«

Cecilia schüttelte den Kopf. Sie hatte keine Ahnung wer das sein sollte und wollte es auch nicht wissen. Wenn sich Tante Olivia für diesen Mann als potenziellen Schwiegersohn interessierte, musste er entweder langweilig oder reich sein. Wahrscheinlich beides.

»Was ist mit euch jungen Mädchen nur los? Lord Bolton ist 20 000 Pfund schwer. Von den Ländereien, die er noch von seiner Tante erben wird, will ich gar nicht erst anfangen. Er gilt als die beste Partie der Season. Unabhängig vom Titel und dem vielen Geld hat er sich in Waterloo einen Namen gemacht. Du musst morgen mit ihm tanzen, Katrin, Du musst!«

»Er hat bei Waterloo mitgekämpft?«, wiederholte Katrin und verzog den Mund. »Dann ist er ja jetzt ganz alt!«

»Mach dich nicht lächerlich. Er ist Mitte dreißig, reich und ohne Frau.«

Katrin rollte, wie es ihre Angewohnheit der letzten Wochen war, zur Erwiderungen mit den Augen, was ihre Mutter verstimmte. Ihre Tochter ließ sich davon nicht beeindrucken und kommentierte gelassen:

»Wenn er tatsächlich, wie Ihr behauptet, so ein guter Fang und trotzdem ohne Frau ist, dann muss er womöglich ein Scheusal sein. Männer, die 20 000 Pfund wert sind, bleiben nie lange allein. Und nun entschuldigt mich, Mama, ich muss für mich sein.«

Bevor Tante Olivia Einwände vorbringen konnte, war Katrin aus dem Salon draußen. Im Flur drehte sie sich um und rief:

»Kommst Du, Cecilia?«

Schicksalergeben stellte Cecilia ihre Tasse beiseite und folgte Katrin aus dem Salon, bereit sich die nächsten Stunden die Schwärmerei ihrer jungen Cousine für einen unbekannten Dichter anzuhören.

Ein Ball, wie jeder andere auch

Wie jeder Ball, bei dem es darum ging, dass sich heiratswillige junge Damen wie überreife Früchte auf dem Markt zur Schau stellten, während angetrunkene Männer jedes Alters an ihnen vorbeiflanierten und mal hier und da drückten, um herauszufinden, ob es sich dabei um überreifes Früchtchen oder eine zukünftige, fügsame Ehefrau handelte, war auch dieser Ball eine Enttäuschung für Cecilia.

Sie hatte, was die Aufmerksamkeit der Männer anbetraf, nichts zu befürchten. Da sie arm wie eine Kirchenmaus war, schon vierundzwanzig Sommer zählte und sich oft vorlaut und unbelehrbar gab, galt sie als nicht gerade umgänglich oder begehrenswert.

In den ersten Monaten ihres lang zurückliegenden Debüts hatte man sie noch umworben, denn unansehnlich war sie weiß Gott nicht. Da es Cecilia an Demut, falscher Koketterie und Heiterkeit mangelte, empfanden Männer sie nach ein oder zwei Tänzen als prüde und einfallslos und mieden ihre Gesellschaft.

Eine Tatsache, die ihr nicht ungelegen kam – sie wollte schlicht und einfach nicht heiraten –, verursachte bei Tante und Onkel jedoch schlaflose Nächte. Man hatte sich erhofft, die Nichte an einen Mann abgeben zu können und das Geld, was man jährlich für Cecilia aufwandte, in das kleine Erbe ihres zukünftigen Enkels zu stecken.

Doch die Nichte wollte keiner.

Tante Olivia und Onkel Matthew standen glücklich und mit hoffnungsvollem Erwarten erfüllt am Rande der Tanzfläche und beobachteten ihre einzige Tochter dabei, wie sie mit dem begehrten Lord Bolton tanzte.

Lord Bolton kam Cecilia, die gelangweilt neben ihren Verwanden stand, seltsam vertraut vor. Ihr war, als hätte sie ihn schon einmal gesehen und das erst vor kurzem. Leider wollte es ihr nicht einfallen. Wie so viele dieser reichen, langweiligen Lords, hatte Lord Bolton auf sie keinen großen Eindruck gemacht.

Auf der anderen Seite der Tanzfläche versuchte ein junger Gentleman die Aufmerksamkeit des Lords auf sich zu ziehen. Er wedelte hektisch mit den Armen und als Lord Bolton ihn endlich entdeckte, winkte der junge Mann ihn zu sich her.

Zu Cecilias Überraschung unterbrach Lord Bolton den Tanz mit ihrer Cousine, verbeugte sich galant vor ihr und verschwand. Erst als die zwei Männer nebeneinanderstanden, erinnerte sich Cecilia, woher sie sie kannte. Das waren doch die zwei Gentlemen aus dem Park.

Katrin eilte über die Tanzfläche auf ihre Eltern und Cecilia zu. Sie strahlte mit dem Kronleuchter über ihrem Kopf um die Wette, was Tante Olivia als einen Erfolg um das Herz des Lords interpretierte. Dass dieser den Tanz frühzeitig beendet hatte, schien sie nicht zu brüskieren.

»Liebes, wie er dich angesehen hat. Du musst Lord Bolton noch einen späteren Tanz gewähren. Bestehe darauf, da er den ersten Tanz mit dir abbrechen musste. Streich dafür diesen unnützen Sir Evens von deiner Tanzkarte«, sagte Tante Olivia und richtete das Kleid ihrer Tochter. Katrin hörte ihrer Mutter nicht zu, nahm die Hand ihrer Cousine und verkündete:

»Cecilia und ich benötigen ein neues Getränk. Wir sind gleich wieder da, bemüht euch nicht, Papa!«

Onkel Matthew, ein rotbäckiger, dicklicher Mann, der mehr einem Ballon denn einem Menschen glich, nickte zufrieden und wandte sich wieder seinem Gesprächspartner zu. Tante Olivias Mahnung, sich nicht lange an der Bar aufzuhalten, hörte man nicht mehr, Katrin hatte Cecilia bereits weit mit sich gezogen. Die zwei Damen verschwanden in der Menge.

»Oh Cecilia! Oh Cecilia! Mein Herz, es will zerbersten!«, rief die junge Frau melodramatisch aus und zog ihre Cousine hinter einen Vorhang in eine abgelegene Abside, damit sie ungestört reden konnten.

»Du solltest nicht so viel Tanzen, wenn du so schnell außer Atem kommst.«

»Doch nicht wegen dem Tanzen! Wegen Alfred!«

»Wer ist Alfred?«

»Der Dichter! Cecilia, kannst Du es glauben? Er ist hier, auf diesem Ball. Mein Herz, es fällt mir gleich aus der Brust.«

»Behalte es lieber da drin, auch wenn es scheinbar für nicht viel zu gebrauchen ist, außer für ständiges Wehklagen. Können wir wieder zurück?«

»Nein.« Katrin schüttelte entschieden den Kopf, blickte durch den Vorhang, um sicher zu gehen, dass sie niemand belauschte und sagte mit gesenkter Stimme: »Ich muss ihn sprechen.«

»Auf gar keinen Fall! Ihr beide wurdet euch nicht vorgestellt.«

»Das spielt keine Rolle. Wenn zwei Herzen im selben Takt schlagen, überwinden sie die Etiquette.«

Cecilia sah ihre Cousine skeptisch an, die rot und erregt, mit sich hebender und senkender Brust, an diesen Dichter dachte und fragte sich, ob sie nicht besser den Ball verlassen sollten, bevor Katrin heute noch ihren Eltern einen Herzinfarkt bescherte.

»Schreib ihm doch noch einen Brief. Ich bin sicher, ein Dichter…«

»Er und Lord Baltin, Balten oder Bolton, oder wie auch immer der heißt, treffen sich in diesem Augenblick im Garten. Deswegen musste der alte Mann so eilig von der Tanzfläche und ließ mich stehen.«

»Der Mann heißt Bolton und er ist Mitte dreißig«, sagte Cecilia.

»Schrecklich, nicht wahr? Alfred ist keine zwanzig. Ich verstehe nicht, warum er mit diesem langweiligen Veteranen verkehrt. Der Mann könnte sein Vater sein.«

»Nein, könnte er nicht. Er müsste mit fünfzehn…lassen wir dieses Thema. Woher weißt Du das alles?«

»Ich habe die Gelegenheit genutzt und Lord Bolton beim Tanz über seinen Freund ausgefragt. Ich glaubte, ihn gestern im Park gesehen zu haben.«

»Da war Lord Bolton sicher begeistert, mit dir über nichts anderes, als einen anderen Mann sprechen zu müssen.«

Katrin zuckte ungerührt mit den Schultern, schob den Vorhang zur Seite, stellte erleichtert fest, dass sich niemand in der Nähe befand und zog energisch ihre Cousine mit sich.

»Wohin gehen wir?«, fragte Cecilia.

»In den Garten. Die zwei wollten sich dort treffen.«

»Wie bitte? Warum müssen wir auch dahin?« Cecilia blieb stehen und rührte sich keinen Zentimeter. Katrin ließ sie los und ging allein weiter.

»Ich muss ihn kennenlernen. Alfred ist mein Seelenverwandter. Seine Worte dringen bis zu meinem Herzen vor. Hast Du mir heute Nachmittag nicht zugehört?«

Nein, das hatte Cecilia in der Tat nicht. Katrin Schwärmereien hielten keine Wochen an. Regelmäßig begegnete sie jungen Männern, deren Bekanntschaft sie nicht machen durfte – dafür behüteten Tante Olivia und Onkel Matthew sie zu sehr – und verliebte sich notgedrungen in sie aus der Ferne. In diesem speziellen Fall verliebte sich Katrin zuerst in die Gedichte und nun in den Verfasser. Als Gesellschafterin hatte Cecilia keine Wahl, als solche immer wiederkehrenden Gefühlsausbrüche als gegeben und vorübergehend anzusehen.

»Du kannst nicht ohne Begleitung in dunklen Gärten zwei unbekannte Gentlemen auflauern. Denk wenigstens einmal an deinen Ruf«, wandte Cecilia ein.

»Wenn Du so sehr an meinem Ruf hängst, dann begleite mich«, sagte Katrin und betrat durch die große verzierte Tür den unbeleuchteten Garten des Ballsaals.

Cecilia war Katrins Ruf egal. Was ihr nicht egal war, war ihr Ruhebedürfnis, etwas, was sie mit ihrer Tante teilte und nicht wahr haben wollte. Ruhe wäre wahrscheinlich das Letzte, was sie haben würde, wenn sie Katrin ins Verderben laufen lassen ließ.

Mit einem kleinen Stoßgebet in den Himmel, eilte Cecilia ihrer Cousine in den dunklen Garten hinterher.

Dramatische Ereignisse

»Wie oft denn noch?«, fragte Lord Bolton mit gedämpfter Stimme seinen Freund. »Schlag dir Lady Jane aus dem Kopf. Selbst, wenn sie wüsste, wer Du bist und dich dann auch noch haben wollte, würden ihre Eltern sie wahrscheinlicher in ein Kloster schicken, als sie einen armen Dichter heiraten zu lassen.«

»Aber sie liebt mich!«

»Sie weiß nicht, dass Du existierst.«

»Doch, doch, das weiß sie. Heute Nachmittag hat mich erneut ein zierlicher, duftender Brief ereilt, in dem stand, dass mein Gedicht ihr Herz beflügelt und sie mich liebt wie keinen anderen.«

»War dieser Brief wenigstens unterschrieben?«, fragte Jonathan genervt und lockte seinen Freund noch tiefer in den Garten, hinter einen großen Busch, damit man ihre Konversation nicht belauschen konnte.

»Ja. Die Unterzeichnerin bezeichnete sich als eine Lady, die sich von Worten nährt.«

»Das bedeutet gar nichts. Es könnte sich um jedes verrückte Huhn Londons handeln, das dein Gedicht gelesen hat. Man munkelt, Lady Jane ist mit dem Earl…«

»Es ist mir egal, wem sie als Kind versprochen wurde. Selbst wenn sie verheiratet wäre, würde ich mit ihr…«

»Bist Du verrückt?«, unterbrach ihn Jonathan scharf. »Du wirst gar nichts dergleichen tun. Solange Du nicht mit Sicherheit weißt, dass es Lady Jane war - mit der Du bis zum heutigen Tag kein Wort gewechselt hast –, die dir diesen Brief sandte, wirst Du dich ihr nicht aufdrängen. Hast Du mich verstanden? Nicht nur dein Ruf steht hier auf dem Spiel, sondern auch der ihre.«

»Sie ist es. Ich weiß es. Ich spürte ihre Blicke auf mir. Sie begehrt mich so sehr, wie ich sie.«

»Alfred?«, hörte man aus der Nähe eine junge Frauenstimme flüstern. »Alfred?«

Die Männer erstarrten und sahen sich im schummrigen Licht des Mondes überrascht an. Alfreds Gesicht verzog sich vor Glück und Fassungslosigkeit.

»Das ist sie!«, flüsterte er Jonathan zu. »Das ist Lady Jane. Ich würde ihre Stimme unter tausenden wiedererkennen.«

»Wie ist das möglich? Du hast sie noch nie sprechen hören.«

»Das muss ich nicht. Bei dem Klang ihrer Stimme, pocht mir mein Herz bis zum Hals. Es reagiert auf die wahre Liebe.«

»Wie eine Blume flatterst du im Wind.
Wie ein Vogel schwebst du an mir vorbei.
Ich fühle mich bei dir wie ein Kind.

flüsterte die Frau in die Dunkelheit, in Erwartung, jemand würde darauf reagieren.

»Mein Gedicht. Hörst Du das, Jonathan? Sie zitiert mein Gedicht. Es muss Lady Jane sein! Wer sonst, wenn nicht sie?«

Bevor Lord Bolton Alfred aufhalten konnte, verschwand dieser hinter dem Busch, auf der Suche nach seiner Lady Jane, die weitergezogen war, noch immer nach ihm rufend.

»Hier bin ich, Liebste!«, hörte Jonathan ihn erwidern, bis er von den nächtlichen Schatten der Bäume geschluckt wurde. Kopfschüttelnd blieb Lord Bolton auf einer kleinen, vom Mond erleuchtenden Lichtung zurück, und dachte darüber nach, ob er seinen Freund und die unbekannte Frau, die scheinbar den Garten nach ihm durchforstete, ins Verderben laufen und einfach wieder reingehen sollte.

Mit Bedauern stellte er fest, dass er es nicht übers Herz brachte und schlich in die Richtung, in die Alfred verschwunden war.

Jonathan kam langsam in der Dunkelheit der Bäume voran, konnte nichts erkennen und lief gegen eine andere Person. Eine weitere Frau. Sie musste hingefallen sein, er hörte sie auf dem Boden laut fluchen.

»Katrin? Bist du das? Verdammt, ich kann nichts sehen, hilf mir hoch«, forderte die genervte fremde Stimme ihn auf.

Jonathan griff nach der Hand, die er in der Dunkelheit vermutete und zog die Frau wieder auf die Beine.

»Ist Katrin die Verrückte da draußen, die meinem Freund Alfred im Garten dichtend auflauerte?«, fragte er.

»Ja. Das ist sie.« Er hörte, wie sie ihr Kleid zurecht zupfte, fluchte und ihn dann herrisch fragte. »Wo ist sie hin?«

»Da lang.« Er deutete vage in eine Richtung, von der er glaubte, sie sei die richtige. »Alfred ist ihr hinterher. Wer seid Ihr, wenn ich fragen darf?«

»Wer ich bin, ist für euch nicht von Interesse«, kam als Antwort. Sie lief in die Richtung, in die er gedeutet hatte. Er hörte sie wütend flüstern:

»Katrin. Wo bist Du, zur Hölle? Komm zurück, bevor Tante Olivia das erfährt und uns beide erwürgt.«

Tante Olivia schien recht vernünftig zu sein, dachte Lord Bolton. Er würde ebenfalls an ihrer Stelle die zwei außer Rand und Band geratenen Frauenzimmer erwürgen. Was irrten die auch im finsteren Garten ohne Aufsicht herum? War ein guter Ruf heutzutage gar nichts mehr wert?

Irgendwo brach ein Ast und leises Gekicher war zu vernehmen. Hatte Alfred etwa diese Katrin oder am Ende – Gott behüte - Lady Jane gefunden? Jonathan eilte in die Richtung, aus der er vermutete, die verräterischen Geräusche vernommen zu haben.

Auch die unhöfliche Fremde reagierte und kam ihm hinterher. Sie stolperte über eine Wurzel. Wäre er nicht stehengeblieben und hätte sie rechtzeitig aufgefangen, sie wäre mit der Nase unsanft auf den Boden aufgekommen.

»Lasst mich los!«, sagte sie außer Atem.

Er tat, was sie ihm geheißen hatte und sie fiel auf der Stelle um. Das kam davon, wenn man sich so harsch und unsympathisch verhielt.

»Nichts zu danken, Darling«, sagte Jonathan, umrundete sie, ohne ihr erneut die Hand zu reichen und ging auf den Busch zu, aus dem Schmatzgeräusche zu kommen schienen.

Während die Frau sich umständlich aufrappelte, zog Jonathan die Äste zur Seite und erblickte ineinander verknotete Gliedmaßen eines jungen Pärchens. Es handelte sich nicht um Alfred. Ob es die gesuchte Katrin war, vermochte er nicht zu sagen. Mit einer knappen Verbeugung ließ er den Busch los und wandte sich ab.

»Katrin?«, hörte er die Frau hinter seinem Rücken flüstern und sich dem Busch nähern. »Bist du das?«

»Nein. Geht weg von hier. Sucht euch einen anderen Ort!«, zischte eine Frauenstimme verärgert.

Jonathan sah einen Schatten die Bäume entlang huschen. Rasch machte er sich auf den Weg und heftete sich an ihn. Er hoffte inbrünstig, dass es Alfred war, noch immer auf der Suche nach seiner Jane.

Langsam, von Bäumen, Büschen und Wurzeln enger und enger umarmt, kämpfte er sich durch das Gestrüpp des Gartens. Kein Wunder, dass dieser Herbstball sich lediglich auf die Innenräume der Anlage beschränkte. Der dazugehörige Park hatte schon lange keinen Gärtner mehr gesehen.

»Alfred?«, flüsterte Jonathan leise und fluchte, als ihn ein Ast ins Gesicht traf. Das hier wurde ihm langsam aber sicher zu absurd. So hatte er sich den Abend nicht vorgestellt, als man ihn bat mit auf einen Ball zu kommen, um von der Ferne die Herzensdame anzuschmachten. Jonathan konnte selbst nach Wochen nicht einen einzigen Grund benennen, warum man ausgerechnet Lady Jane so viel Aufmerksamkeit schenken sollte. Die Frau war nicht wirklich schön und wirkte auf Lord Bolton hohl und einfallslos. Er hatte nur ein einziges Mal im letzten Jahr das zweifelhafte Vergnügen, mit ihr zu tanzen und hatte sich dabei schrecklich gelangweilt.

In Gedanken versunken, wäre Lord Bolton beinahe einen Abhang hinuntergestürzt, der sich an den Buschrand, durch den er sich gekämpft hatte, anschloss. Es ging einen Meter steil herunter und endete in einem dunklen Teich, in dem sich der Mond zwischen weißen Seerosen malerisch spiegelte.

Jonathan wollte auf den Absatz umkehren, als er hinter seinem Rücken eine mittlerweile vertraute Stimme vernahm:

»Katrin? Bist du das?«

Bevor er antworten konnte, dass er nicht Katrin war und man ihn mit ihr in Ruhe lassen sollte, lief die Frau gegen seine Brust und brachte ihn aus dem Gleichgewicht. Darum kämpfend, nicht den Abhang hinunter zu stürzen, ruderte Jonathan mit den Händen, wurde immer mehr nach hinten gezogen und packte in seiner Not den losen Ärmel der Frau.

Er hörte, wie Stoff riss, spürte, wie sie versuchte ihn festzuhalten, umklammerte aus Verzweiflung ihre Hand und zog sie mit sich in die Tiefe.

Sie schrie überrascht auf, als sie gemeinsam den kleinen, steilen Abhang hinunterrollten und im Wasser landeten.

Der See war nicht tief. Zum Glück.

Augenblicklich schreckte Jonathan aus dem Wasser hoch, spuckte die dreckige Brühe aus, die er aus Versehen geschluckt hatte, und entfernte angewidert Seerosen von seinem Jackett.

Verflucht noch einmal, dachte er, das hatte ihm noch gefehlt. Er hörte, wie es aufgeregt neben ihm plantschte. Die Frau kam wegen dem langen, nassen Kleid, das sie schwer nach unten zog, nicht hoch. Sie kämpfte umständlich mit sich und dem Stoff, sank aber immer wieder ins Wasser zurück. Eine Seerose thronte auf ihrem

Kopf und das nasse Haar klebte ihr im Gesicht.

Als er sie sichtlich frustriert im Wasser liegen sah, konnte er nicht anders, als lauthals anzufangen zu lachen. Wie unglücklich und unwirklich sah das aus, wie sie sich da abmühte? Ein Anblick, der selbst Skulpturen erheitert hätte.

»Hört auf, so dreckig zu lachen. Helft mir hoch!«

Jonathan konnte nicht aufhören. Der Trotz in ihrer Stimme unterstrich die komische Szene nur noch mehr.

»Ich sagte, Ihr sollt aufhören zu lachen und mir helfen.«

»Warum?« Er lachte weiter und musste sich auf den Knien abstützen, um nicht vor unkontrollierter Heiterkeit zusammenzubrechen.

»Warum Ihr solltet? Warum Ihr solltet?«, wiederholte sie aufgebracht. »Na, weil Ihr mich in diese furchtbare Lage gebracht habt. Darum!«

Wütend spritzte sie Wasser nach ihm. Er hörte auf, sich über sie lustig zu machen, wich aus und erwiderte, noch immer amüsiert:

»Das ist eine unverschämte Lüge, Darling. Ihr habt mich angerempelt und dann in den Teich gestoßen.«

Sie zog sich die Seerose vom Kopf und warf sie nach ihm.

»Was standet Ihr ausgerechnet da herum?«

Er wich auch diesem Wurf aus.

»Das Gleiche könnte ich euch fragen. Warum seid Ihr rücksichtslos durch die Gebüsche geschlichen?«

Mit einem kräftezehrenden und von der Wut gespeisten Ruck kam sie hoch. Das weiße, im französischen Stil geschneiderte Kleid, klebte an ihr, wie eine zweite Haut. Sie ähnelte einer verführerischen Aphroditenskulptur und besaß, zu seiner Überraschung, ansehnliche Kurven und schöne Proportionen. Nur was sie sagte, wollte nicht so recht zu dem passen, was er zu sehen bekam.

»Seht nur, was Ihr angerichtet habt, Ihr gottverfluchter Mistkerl! Wie soll ich wieder zurück? Wie soll ich so in einer Kutsche steigen? Möget Ihr auf der Stelle von einem Blitz getroffen werden!«

»Ich wiederhole mich ungern, Darling, Ihr seid jedoch für dieses Schlamassel selbst verantwortlich. Dass wir beide nun so aussehen, wie wir aussehen, geht auf eure Kappe. Abgesehen davon ist es mir herzlich egal, wie Ihr zurückkommt oder wie Ihr in eine Kutsche steigt. Ich schlage für beide Fälle eure Beine vor.«

Kaum hatte er den Satz zu Ende gesprochen, landete Schlamm vom Boden des Teichs in seinem Gesicht. Jonathan spuckte das Zeug angewidert aus.

Dieses freche Frauenzimmer hatte ihn tatsächlich mit Dreck beworfen. Verärgert wischte er sich den Rest aus dem Gesicht, tauchte seine Hände ins Wasser und reinigte es. Als er hochblickte, wollte sie ihn wütend, mit wilden Haaren und zusammengekniffenen Mund, erneut bewerfen.

Diesmal konnte er rechtzeitig ausweichen.

Lord Bolton hatte genug von ihr. Solch ein irres Verhalten erinnerte ihn daran, warum er nie heiraten wollte. Frauen waren zu unberechenbar und oft unsinnig im Betragen. Romantische Geschöpfe, ohne eine vernünftige Ader im Körper. Er beglückwünschte sich im Stillen dazu, nur Affären mit verheirateten Frauen geführt zu haben und watete zu dem Ufer des Gartenteiches.

Hinter ihn hörte er es wieder planschen. Die unmögliche Person musste wohl erneut ins Wasser gefallen sein.

Ohne sie weiter zu beachten, packte er am Ufer Schilfrohre und zog sich an ihnen hoch. Auf dem

Trockenen angelangt, zog er sein durchnässtes Jackett aus, schüttelte seine langen, dunklen Haare, die sich aus dem Zopf gelöst hatten und überlegte, wie er am besten ungesehen von hier fortkam. Das nasse Jackett konnte er beim besten Willen nicht mehr anziehen. Für ihn war dieser Ball gelaufen.

Verärgert blickte er sich um.

Hinter ihm rührte sich etwas im Mondlicht. Die aufgebrachte Furie, in die sich diese fremde Frau verwandelt hatte, kam aus dem See gestolpert. Das wenige Licht umschmeichelte ihren Körper, der Stoff war kaum noch auszumachen, so eng lag es ihr an. Alles was er sah, waren hübsche, feste Brüste, ein flacher Bauch und schwungvolle Hüften. Wäre diese Frau nicht geisteskrank und ungesellig, er hätte sie sicher mit seiner Kutsche vor der Peinlichkeit…

»Hört auf, mich anzugaffen, Ihr Lustmolch. Was für ein Gentleman seid Ihr eigentlich, dass Ihr eine hilflose Frau beinahe ertrinken lasst?«, unterbrach sie seine Gedanken und kam wütend neben ihm zum Stehen.

»Das Wasser ist nicht mal einen Meter tief. Und hilflos seid Ihr nicht, nur nicht recht bei Sinnen. Ich vermag da nichts zu tun. Ihr solltet deswegen besser einen Arzt aufsuchen, der euch für euren Geisteszustand eine Tinktur verschreiben könnte. Etwas Starkes, etwas, was in der Lage ist, eure Nerven zu beruhigen.«

Jonathan bereute seine Worte auf der Stelle. Die Unbekannte stürzte sich auf ihn und trommelte wütend mit den Fäusten auf seine Brust ein. Es kostete ihn einiges an Mühe, sie von sich fern zu halten. Sie war zwar kleiner und leichter als er, dafür aber sehr fokussiert und entschlossen ihm wehzutun.

»Ihr seid unmöglich. Möget Ihr in der Hölle

schmoren!«, rief sie.

Er packte sie an den Handgelenken und hielt sie davon ab, ihm das Gesicht zu zerkratzen. Was für ein Abend, der noch immer kein Ende nehmen wollte. Konnte es noch schlimmer werden, fragte sich Lord Bolton und umklammerte sie fester, damit sie ihn nicht weiter schlug.

In dem Moment, in dem er beschloss, sie wieder in den See zu werfen, um ihr Abkühlung zu verschaffen und dann so schnell wie möglich die Beine in die Hand zu nehmen, hörte er Stimmen hinter sich.

»Hier sind sie!«, rief jemand und Licht kam von allen Seiten auf sie zu.

Eine Handvoll Menschen hatten sich auf die Suche nach den drei verschwundenen Frauen gemacht, da die Eltern der einen sich besorgt zeigten. Man hatte Katrin vor wenigen Minuten zusammen mit Alfred in einem Busch gefunden, wo er sie, nicht wissend, dass sie nicht Lady Jane war, in der Dunkelheit stürmisch und pausenlos geküsst hatte. Tante Olivia war bei dem Anblick in Ohnmacht gefallen.

Nun war es an Onkel Matthew, sich an die Brust zufassen, als man seine Nichte völlig durchnässt und mit wilden, offenen Haaren in den Armen eines fremden Mannes auffand.

Hochzeit ist immer eine Lösung

Selbstverständlich wurde aus dem unglücklichen Vorfall im Park des Ballhauses eine künstlich aufgeblähte, bis zur Verfremdung verdrehte Geschichte, die man sich sogar außerhalb Englands erzählte.

Drei junge Paare wollte man an jenen Abend bei unzüchtigem, ja sogar widerwärtigem Verhalten, in flagranti erwischt haben. Bei zwei der drei Paare dürfte das der Wahrheit entsprechen, dachte sich Cecilia und sah verärgert zu ihrer jungen Cousine auf dem Sofa gegenüber, doch nicht in ihrem unglücklichen Fall.

Sie war sich noch immer keiner Schuld bewusst. Fest davon überzeugt, nichts Falsches getan zu haben, außer den Versuch zu unternehmen, Katrin vor sich selbst zu schützen und vor dem zu bewahren, was sie beide nun erdulden mussten, haderte sie nun mit ihrem ruinierten Ruf.

»Ich werde sterben!«, rief Tante Olivia zum wiederholten Male und fasste sich theatralisch an die Brust. »Ihr zwei habt mir Jahrzehnte meines Lebens gestohlen. Schon morgen könnte ich deswegen tot sein.«

Ungerührt von dieser Ankündigung saß Cecilia im Blauen Salon und trank ihren Tee. Ihr Onkel sprach wenigstens nicht mehr mit ihr und das war auch gut so, denn noch mehr Gardinenpredigten, Vorwürfe und Drohungen würde sie nicht ertragen können. Onkel Matthew schwieg seit Tagen und blickte weder sie noch Katrin an. Stur starrte er auf seine Hände und rührte sich nicht.

»Morgen schon, Ihr beide werdet es sehen, werde ich kalt im Bett liegen und das alles wird euch schrecklich leidtun. Doch dann ist es zu spät. Man wird meinen Körper in die Erde geleiten und ich werde bei Gott sein, der mir hoffentlich vergeben kann, solche Dirnen großgezogen zu haben.« Von ihrem eigenen Schicksal berührt, schniefte Tante Olivia laut in ein Taschentuch.

Cecilia erwiderte mal wieder nichts darauf und Katrin, die ihrer Mutter sicherlich nicht zugehört hatte, blickte nervös auf die Uhr auf dem Kaminsims, die Männer herbeisehnend, die sich zum Tee für heute Nachmittag angekündigt hatten.

Katrin unterdrückte ein erfreutes Lächeln, als man eine Kutsche vernehmen konnte. Erwartungsvoll blickte sie zu Cecilia und versteckte ihren Mund hinter den Händen. Sie kicherte vor Aufregung.

Genervt von ihr, Tante Olivia und leicht beschämt vor Onkel Matthew, stellte Cecilia ihre Teetasse ab, erhob sich, glättete die Falten ihres Rockes und blickte stolz ihrem traurigen Schicksal entgegen. Das Martyrium, das sie ihr Leben nannte, ging mit der Ankunft der zwei Männer in die nächste Runde.

Sie hörte, wie das Mädchen die Gäste hereinließ und ihnen ihre Mäntel abnahm. Gebannt vernahm sie die gleichmäßigen, strengen Schritte, die unaufhaltsam sich der Tür näherten. Mein Gott, dachte sich Cecilia, wie konnte es sein, dass sie sich in solch einer würdelosen Situation wiederfand?

Katrin sog scharf die Luft ein, als die Tür aufging und zwei gutgekleidete, ernst dreinblickende Männer vor ihnen zum Stehen kamen.

»Lord Bolton und sein Freund Alfred Johnsons«, verkündete das Dienstmädchen aufgeregt, machte einen Knicks und verschwand, nicht ohne vorher noch einen scheuen Blick auf die Gentlemen zu werfen.

Somit befanden sich im Salon zwei sichtlich verlegene Männer, eine Tante mit Schnappatmungen, ein stiller, unglücklicher Onkel Matthew, seine aufgeregte und glückliche Tochter und Cecilia, die sich am liebsten vor Scham in der Themse ertränkt hätte.

»Setzt euch doch, eure Lordschaft und Mr…«, Tante Olivia hatte Mühe, sich an den Namen des jungen Mannes zu erinnern.

»Johnson«, half der Dichter Tante Olivia aus.

»Nein, danke, wir stehen lieber«, wies der grimmig blickende Lord Bolton das Angebot zurück. Er drehte nervös seinen Zylinder zwischen den Händen und holte tief Atem.

»Mein werter Freund, Alfred Benjamin Johnson und meine Wenigkeit, sind hier, um euch um die Hände eurer Töchter zu bitten«, verkündigte Lord Bolton in einem Ton, als hätte er beschlossen einen stinkenden Fisch auf dem Markt zu erwerben, ohne wirklich ein Verlangen danach zu verspüren, diesen Fisch sein Eigen nennen zu dürfen.

Onkel Matthew hüstelte verlegen über den ungewöhnlichen, trockenen und unsympathischen Antrag, stellte mit strenger Stimme richtig, dass Cecilia seine Nichte und nicht seine Tochter war und fragte:

»Welche der jungen Damen gedenke der Lord zu ehelichen?«

Lord Bolton blickte widerwillig zwischen Cecilia und Katrin hin und her, um schließlich mit verkniffenem Mund zu erwidern:

»Das ist mir Einerlei.«

Tante Olivia, die wegen der Vorstellung, ihre kleine Tochter müsste der Ehre wegen einen mittellosen Poeten heiraten, die letzten Nächte hatte nicht schlafen können, ergriff die Gelegenheit beim Schopfe und schlug dem Lord ihre Tochter als Ehefrau vor:

»Wenn das so ist, dann nehmt meine liebe Katrin. Sie verfügt über ein fügsames und sanftes Wesen.«

Sobald Tante Olivia das sagte, drehte sich Katrin entrüstet um und bewies mit ihrem Verhalten und angeschlagenen Ton, dass weder das eine noch das andere auf sie zutraf:

»Auf gar keinen Fall, Mama! Der Mann ist alt. Ich nehme Alfred oder ich bringe mich um!«

Alfred, dem bis jetzt kein einziges Wort über die Lippen gekommen war - zu sehr haderte er mit seinem eigenen Schicksal Lady Jane aufgeben zu müssen, um eine Fremde zur Frau zu nehmen – nahm das so hin und blickte auf seine Hände hinunter, die sich an den Zylinder klammerten.

Lord Bolton, der sich darum bemühte, sich seinen

Unmut über diese entwürdigende Prozedur nicht anmerken zulassen – etwas, das ihm nicht sonderlich gut gelang - nickte ergeben, verbeugte sich und wollte aus dem Salon stürmen, als Cecilia mit lauter Stimme fragte:

»Wollt Ihr nicht wenigstens eine Antwort abwarten?«

Er drehte sich langsam wieder um und sah ihr in die Augen.

»Nein, möchte ich nicht«, sagte er ruhig. »Entweder wir sehen uns vor dem Traualtar in einer Woche oder nie wieder, Miss Collins. Gehabt euch bis dahin wohl.« Er deutete eine Verbeugung an und verschwand mit seinem Freund im dunklen Flur des Stadthauses.

Sie lauschten mit angehaltenem Atem, wie die Männer in die Kutsche stiegen und das Gefährt wenig später davon fuhr.

Erst nachdem man das Trappeln der Pferde nicht mehr vernehmen konnte, setzte sich Tante Olivia und blickte Cecilia vorwurfsvoll in die Augen.

»Nun, da Du scheinbar unverdient das große Los gezogen hast einen reichen Mann zu ehelichen, musst Du für unsere Familie sorgen, so wie wir eins für dich gesorgt haben. Jetzt, da euer beider Ruf ruiniert und meine arme Katrin gezwungen ist einen Bettler zu heiraten…«

»Alfred ist Dichter«, widersprach Katrin.

»Er ist ein Nichtsnutz. Ein Schürzenjäger und ein alberner Geck. Das ist er«, fuhr Tante Olivia Katrin an ohne sie anzusehen. Sie starrte noch immer Cecilia in die Augen. »Du kümmerst dich höchstpersönlich darum, dass meine Katrin wegen diesem Mann nicht verhungert. Beim Grab deiner Mutter und deines Vaters, Du kümmerst dich darum!«

Ohne eine Antwort abzuwarten, stand Tante Olivia auf und ging weinend aus dem Salon. Onkel Matthew erhob sich ebenfalls und folgte seiner Frau mit faltigem Gesicht und traurigen Zug um den Mund.

Katrin schien sich nicht zu sorgen. Sie lief, sobald sie unter sich waren, zu Cecilia, nahm ihre Hände in die ihre und sagte fröhlich:

»Ich werde Alfred schreiben und ihm berichten, wie glücklich ich bin, dass wir heiraten. Ich war so aufgeregt, ich habe ihn nicht in die Augen sehen können. Wir heiraten, Cecilia. Ist das nicht wunderbar? Er mit seinem besten Freund und ich mit meiner liebsten Cousine. Wie gut wir es haben werden. Wir werden uns gegenseitig besuchen, gemeinsam Abenddiner geben und auf Bällen stets ein Grübchen hübscher, junger Menschen bilden, die andere um ihre Trautsamkeit beneiden. Das alles schreibe ich ihm. Warte hier, ich werde dir den Brief gleich vorlesen.«

Nach diesen Sätzen verschwand auch sie aus dem Salon. Cecilia blieb allein zurück. Mit zittrigen Händen nahm sie die Teetasse und führte sie an ihren Mund. Sie schmeckte den kalten Tee nicht. Wilde Gedanken kreisten in ihrem Kopf und Gefühle rollten sich schmerzhaft in ihrem Magen zu einem großen, schweren Stein zusammen. Den Plan, sich umzubringen, um am Ende nicht diesen Widerling von einem Lord heiraten zu müssen, musste sie aufgeben.

Tante Olivia hatte recht damit, dass sie für Katrin sorgen musste, weil der junge Dichter ärmer als eine Kirchenmaus war. Dass geheiratet werden musste, war klar. Es gab keine ernsthafte Alternative, die es allen Beteiligten erlaubte ihren guten Ruf zu wahren.

Doch wünschte sie, sie könnten tauschen. Sie würde den naiven jungen Dichter nehmen und wenn es sein musste, für ihn und sich sorgen, dafür konnte Katrin die

Frau von Lord Bolton werden. Ein Tausch, auf den ihre Cousine sich nicht einlassen würde. Zu sehr war sie der Vorstellung verfallen, Alfred aus vollem Herzen zu lieben.

Es war somit an Cecilia der Ehre wegen die Frau eines reichen Lords zu werden, der sie seit dem Ball mehr verachtete als alle Feinde Englands zusammen.

Irgendwo im Nirgendwo

Die Hochzeit entpuppte sich als eine traurige und peinliche Angelegenheit für alle Beteiligten. Sie blieb schlicht, man verzichtete auf Feierlichkeiten – ein Umstand, den Katrin bedauern und Alfred oft vorwerfen würde – und dauerte kaum länger als zwei Stunden.

Es regnete zu allem Überfluss in Strömen. Nur wenige Gäste waren eingeladen und die, die tatsächlich kamen, waren neugierige, arme Verwandte der Bräute, die sich das Maul zerreißen wollten und auf großzügige Gaben eines Lords spekulierten. Die dazu benötigte Parade fand jedoch nicht statt und auch so passierte nichts, was man von solch einem wichtigen Tag erwarten würde.

Während der Trauungszeremonie kam es zu einer Verlegenheit sondergleichen. Als Cecilia und Lord Bolton an der Reihe waren und der Pfarrer um die Ringe bat, fiel dem Lord auf, dass er sich bis zu dem Zeitpunkt um keine bemüht hatte. Ihm war seine Braut dermaßen zu wider gewesen, dass er alles, was mit der Hochzeit zu tun hatte, bis zum jenen Tag verdrängte. Man musste sich in der peinlichen Not zwei Ringe leihen, die sich das unwillige Paar über die Finger stülpte.

Kaum waren sie aus der Kirche draußen, gab man die Ringe zurück und Cecilia versuchte nicht mehr daran zu denken. Was ihr nicht so recht gelingen wollte. Sie fühlte sich vorgeführt und herabgewürdigt.

Mit den Regen vermischten sich ihre Tränen, die ihr unaufhaltsam die Wange hinunterliefen. Sie wurde durch den Regen gezogen und fand sich durchnässt und von der Zeremonie durcheinander, auf den Weg zu ihrem neuen Heim, in einer Kutsche wieder.

Ohne ihren Bräutigam.

Lord Bolton hatte Cecilia hinein geholfen, ohne ihr dabei ein einziges Mal ins Gesicht zu sehen, die Tür zugeschlagen und dem Kutscher befohlen loszufahren. Er selbst blieb zurück. Wohin die Kutsche fuhr, wo ihr aufgezwungener Gatte hin wollte und was mit der restlichen Hochzeitsgesellschaft passieren sollte, das wusste Cecilia nicht zu beantworten.

Sie konnte gerade noch aus dem Kutschenfenster sehen, wie Tante Olivia beim Abschied ihrer Tochter bittere Tränen vergoss und fragte sich, ob jemand um sie weinte. Cecilia hatte sich seit dem Tag, als ihre Eltern an Tuberkulose verstorben waren, nicht mehr so einsam gefühlt wie heute. Wie auch immer ihre Ehe sein würde, sie ahnte, dass ihr Leben sich nicht zum Besseren gewandelt hatte.

Die Kutschfahrt dauerte nicht lange genug, um den vielen traurigen Gedanken nachzugeben, die sie übermannten. Kaum hatte Cecilia das aufkommende

Unglück, die ungeliebte Frau eines gemeinen Widerlings zu sein, akzeptiert, fand sie sich vor einem großen Stadthaus wieder, das – so vermutete sie – ihrem Gatten gehören müsste.

Cecilia rechnete damit, dass man ihr aus der Kutsche helfen und sie ins Haus geleiten würde, doch weit gefehlt. Vor der Tür warteten eifrige Diener mit vielen Koffern. Eilig beluden sie die Kutsche, riefen dem Kutscher Anweisungen zu und verschwanden im Haus.

Gut möglich, dass man sie nicht einmal gesehen hatte.

Oder sehen wollte?

Verdutzt blieb Cecilia in der Kutsche sitzen und ärgerte sich über die Situation. Es war ihr, als hätte man ihr die wenige verbliebene Kontrolle über ihr Leben völlig entrissen. Ein unschönes und unwillkommenes Gefühl der Hilflosigkeit und Abhängigkeit machte sich in ihr breit.

Die Kutsche setzte sich erneut in Bewegung. Besorgt blickte Cecilia aus dem Fenster. Das große Stadthaus verschwand, bis es nicht mehr zu sehen war, stattdessen rauschten dutzende Häuserfassaden wie in einem Traum an ihr vorbei. Die Häuser wurden kleiner und kleiner, die Gegenden ländlicher, ärmer, bis sie aus London draußen waren und sie nichts als Felder und Wälder zusehen bekam.

Auf schlechten Straßen voller Löcher und Matsch, wurde sie durchgeschüttelt und durchgerüttelt. Das Kleid war nass von dem Regen und das trübsinnige Wetter reflektierte ihre Gefühlswelt.

Nach zwei Stunden Fahrt, kurz vor der einsetzenden Dämmerung, hielt die Kutsche neben einem umzäunten Feld mitten im Nirgendwo einer Grafschaft. Erstaunt sah Cecilia aus dem Fenster und wunderte sich. Weit und breit gab es hier nichts zu sehen. Warum also hielten sie? Der Kutscher hüpfte vom Bock und machte sich daran die Koffer nach unten zu hieven.

»Wo sind wir?«, fragte Cecilia.

»Kurz vor Hunterville und drei Meilen vor Green Village, Mrs. Brookwood«, antwortete der Kutscher und holte mit lautem Stöhnen den letzten Koffer herunter. Er ließ ihn neben dem kleinen Holzzaun stehen.

»Und was machen wir hier?«

»Also ich mache hier nichts, fahre gleich heim zu meiner Ellen und esse ein Süppchen. Ihr müsst hier warten, bis man euch abholt, Mrs. Brookwood.«

»Auf gar keinen Fall warte ich hier!«, rief Cecilia und stieg wütend aus. Sie baute sich vor dem Kutscher auf, stemmte ihre Hände in die Hüfte und fragte:

»Was soll denn das? Warum bringt man mich her?«

Der Kutscher hob ratlos die Hände und sah sie verlegen an.

»Fragt mich das nicht. Ich hatte nur den Auftrag den Inhalt der Kutsche - also ich vermute euch auch - an diesen Ort zu bringen. Das Haus des Lords ist weiter hinten«, er deutete vage in eine Richtung. »Meine Kutsche ist zu breit für den Weg, deswegen kommt sicher gleich jemand, und holt euch und die Koffer ab. Nur Geduld, das ist einfach so.«

Ratlos blickte sich Cecilia um. Sieben kleine und große Koffer lagen zerstreut zu ihren Füßen. Das konnte doch nicht wahr sein!

Sie drehte sich zurück zu dem Mann, nicht bereit hier alleine zurückgelassen zu werden, doch der war bereits auf dem Bock, schwang seine Peitsche und die Pferde trabten an.

»Ich wünsche euch noch viel Glück, Mrs. Brookwood.

Alles Gute zur Hochzeit«, sagte er, tippte sich an den Hut und fuhr mit der Kutsche auf und davon.

Mit offenem Mund starrte Cecilia ihm hinterher. Träumte sie das, oder hatte man sie tatsächlich zwischen Feldern ausgesetzt?

Wie die Koffer zu ihren Füßen.

Wütend, noch immer in ihrem schlichten weißen Brautkleid und dem billigen Blumenstrauß in der Hand, trat sie heftig gegen einen der Koffer und verzog das Gesicht, als sie sich dabei weh tat.

»Verflucht sei dieser widerliche Lord, Katrin und der Dichter«, schrie sie, warf den Strauß auf das abgeerntete Feld und setzte sich mit verschränkten Armen auf den Koffer. Sie war wütend, wie noch nie zuvor in ihrem Leben. Am liebsten würde sie auf etwas einschlagen.

Nicht einmal mit acht Jahren, als ihre Eltern verstarben und sie ganz allein zurückließen, war sie so außer sich gewesen. So enttäuscht von der Welt, unzufrieden mit sich und unglücklich über ihre Machtlosigkeit. Wie war sie nur in solch eine würdelose Situation gekommen? Sie, die nichts anderes wollte, als ihre Ruhe und Zeit für sich. Das war alles, was sie von der Welt verlangte. Ihre Ruhe. War das zu viel? Waren ihre Ansprüche zu hoch?

Cecilia spürte, wie Tränen der Wut und Verzweiflung ihre Wangen hinunterliefen. Sie wischte sie fort und blickte sich um. Auf gar keinen Fall durfte sie sich ihrer Gefühlswelt hingeben. Gefühle waren keine guten Berater. Das hatte sie schon als Kind bei Tante Olivia und Onkel Matthew gelernt, die jede vergossene Träne mit Verachtung und Abneigung quittierten.

Man trägt seine Bürde mit Würde, hatte Tante Olivia zu ihr gesagt, als die Eltern zu Grabe getragen wurden. Cecilia musste sich um ihretwillen zusammenreißen. Bald würde es dunkel werden, man würde sie doch nicht solange alleine lassen, oder?

♠

Eine einsame, kalte Stunde lang saß sie auf dem Koffer, fror und hasste Lord Bolton von Sekunde zu Sekunde mehr. Mittlerweile würde sie soweit gehen und behaupten, dass sie ihn verachtete, wie keinen Menschen zuvor in ihrem Leben.

Als Cecilia glaubte, ihre Zehen nicht mehr spüren zu können, stand sie auf, öffnete in der Dunkelheit einen Koffer, durchsuchte dessen Inhalt und fand nichts, als sorgsam zusammengefaltete Hemden, die sie herauszog und im Matsch liegen ließ. Ungeduldig machte sie sich am nächsten Koffer zu schaffen.

Beim vierten Gepäckstück wurde sie fündig. Ein warmer, aus gutem Stoff bestehender und mit dicken Innenfutter versehener Mantel kam zum Vorschein. Erleichtert zog sie sich ihn über, kuschelte sich zufrieden hinein und lief aus Trotz mit ihren schlammverkrusteten Schuhen mehrfach über die restlichen Kleidungsstücke, die sie auf dem Feldweg verteilt hatte.

Erst als Cecilia weniger fror und ihre Zähne aufgehört hatten aneinander zu klappern, blickte sie sich um. Die Nacht umhüllte sie und aufkommende Furcht vor dem Unbekannten da Draußen übertönte mehr und mehr ihre unbändige Wut. Sie wollte und konnte nicht länger tatenlos hier sitzen bleiben. Warum auch immer man die Koffer hier liegen ließ und sie mit ihnen, sie würde ganz sicher früher oder später Räubern in die Hände fallen. Etwas, was sie sich nicht wünschte, denn trotz aller Widrigkeiten hing sie an ihrem kläglichen Leben.

Durch vereinzelte Bäume hindurch sah sie in der Schwärze ein Lichtlein flimmern. Es befand sich weit weg, ganz klein und kaum zu erkennen, doch nichtsdestotrotz war es ein Hinweis auf menschliches Leben und Wärme. Dahin würde sie sich nun aufmachen, beschloss Cecilia und überließ die Koffer den lauernden Räubern. Sollte man die Sachen seiner Lordschaft einfach klauen, es kümmerte sie nicht.

Auf den Weg zum rettenden Licht, stolperte Cecilia mehrfach über die Hasenlöcher auf den Feldern. Sie spürte den Matsch des regnerischen Tages an ihren Schuhen und Knien kleben und ekelte sich. Mit Sicherheit sah sie zum Fürchten aus, dachte sie sich außer Atem, doch das konnte sie beim besten Willen nicht mehr ändern.

Unsicher betrachtete sie die hölzerne, mit Metall beschlagene Eingangstür eines kleinen Landhauses. Hinter einem der Fenster brannte das Licht, das ihr den Weg gewiesen hatte. Rasch ordnete sie mit zittrigen Fingern ihre Haare, holte tief Luft und griff nach dem großen Ring mit dem Löwenkopf in der Mitte.

♠

Jonathan Brookwood, Lord Bolton, saß müde und schlecht gelaunt in einem alten ledernen Sessel in dem gemütlichen Cottage, das eins seiner Mutter gehört hatte und ihr kleines, ruhiges Vermächtnis an ihn war. Von allem, was er sein Eigen nennen durfte, schätzte er diesen Ort am meisten. Er besaß ein Herz und strahlte Frieden aus. Mit Liebe, schönen Erinnerungen und Wärme ausgefüllt, roch es im Haus an manchen Ecken nach seiner Mama, die ihm der liebste Mensch und seinem

Vater die treuste Seele gewesen war.

Hierher kehrte Lord Bolton zurück, wenn er Schutz und Ruhe vor der Welt benötigte. Lediglich die alte Mrs. Green und ihr vierzigjähriger Sohn Edward waren mit ihm hier. Sie kümmerten sich in seiner Abwesenheit um das Haus und durften ihm Gesellschaft leisten. Für mehr Personal wäre auch kein Platz gewesen. Nicht einmal seinen Kammerdiener hatte Jonathan dabei.

Das war auch gut so.

Er wollte in seinem Leid niemanden sehen und auch mit niemandem sprechen. Seine Angestellten, die seit Wochen aus dem Tratschen nicht mehr herauskamen, waren ihm zu wider. Mrs. Green und Edward, das kleine Haus und dieser Sessel genügten ihm.

Mehr wollte Lord Bolton nicht.

Die gute alte Frau - die schon für seine liebe Mama gesorgt hatte – war gerade dabei, ihm warme Socken zu bringen und ihn gespielt streng zu ermahnen, nicht so viel zu trinken, als draußen der Türklopfer betätigt wurde.

»Erwartet Ihr Gäste, eure Lordschaft?«, fragte Mrs. Green erstaunt und blickte aus dem Fenster. Es war finstere Nacht und draußen wehte ein schrecklich lauter Wind.

»Nein. Schickt die Person, wer auch immer das ist, fort. Es sei denn, es ist der Tod. Dann lasst ihn herein, ich bin bereit.«

Mrs. Green schnalzte missbilligend mit der Zunge, schlug ihn spielerisch mit den Socken auf die Schulter, warf sie ihm in den Schoß und ging aus dem Salon auf die Tür zu. Erneut wurde der Türklopfer betätigt.

Jonathan hörte, wie Mrs. Green ungeduldig rief:

»Ja, ja, schon gut, ich komme ja schon. Nur Geduld!«

Ihm war nicht nach Besuch zu Mute. Verdrießlich

blickte er in sein volles Glas Scotch, leerte es mit einem Zug und verzog den Mund über den scharfen Geschmack. Es war nicht der beste Scotch im Haus, aber das kümmerte ihn nicht. Hauptsächlich das Getränk lenkte ihn von seinem grausamen Schicksal ab, eine verrückte Bürgerliche aus Anstandsgründen geheiratet zu haben. Mit Abstand das Dümmste, was er bis jetzt in seinem Leben getan hatte, und weiß Gott, er hatte schon so einiges angestellt.

»Du meine Güte!«, hörte er Mrs. Green überrascht ausrufen. »Was ist euch zugestoßen, Kind? Ihr seht ja furchtbar aus.«

Eine leise Frauenstimme antwortete, Jonathan verstand nicht, was sie sagte, doch er glaubte, die Stimme zu erkennen. Alarmiert setzte er sich in seinem Sessel auf und drehte den Kopf in Richtung Flur und Tür.

»...Kutsche...allein in der Nacht...verirrt...«, hörte er die Frau sagen und fluchte.

Konnte das sein? Konnte das wirklich wahr sein? Sie hier? Das war unmöglich! Lieber Gott, alles, nur das nicht, bat Jonathan und blickte beschwörend zur Decke. Das Letzte, was er wollte, war sie in diesem Haus.

»Kommt rein, Ihr armes Ding. Schlimm seht Ihr aus. Ich mache euch Tee, und dann erzählt Ihr in Ruhe...«

»Nein!«, rief Jonathan aus dem Salon und stürmte hinaus. »Mrs. Green, macht bloß die Tür wieder zu!«

Zu spät.

Eine völlig verschlammte Frau in einem vertrauten dunklen Mantel und verdrecktem ehemals weißem Kleid, das darunter hervorlugte, stand im Eingangsbereich seines Zufluchtsortes und tropfte Dreck auf den alten Teppich seiner Mutter. Ihre Augen weiteten sich, als sie Jonathan erkannte und ihr von Schlamm verdrecktes Gesicht verzog sich zu einer wütenden Grimasse.

»Ihr!«, rief sie aus und zeigte mit dreckigen Fingern auf ihn. »Ihr seid die ganze Zeit über hier gewesen, während ich mir neben euren Koffern frierend die Beine in den Bauch gestanden habe?«

»Natürlich war ich die ganze Zeit hier«, erwiderte Lord Bolton aufgebracht und deutete nach draußen, in die Dunkelheit hinter ihr. »Und ich möchte es auch bleiben. Allein. Steht euch die Beine woanders weiter in den Bauch.«

Cecilia Collins, seit heute Mrs. Jonathan Brookwood, schnappte wütend nach Luft. Mrs. Green blickte, verwirrt und von der Heftigkeit des Wortgefechts überrumpelt, zwischen ihnen hin und her. Sie verstand die Situation nicht. Sie wusste zwar – ganz London und das Umland wusste es -, dass Lord Bolton gezwungen gewesen war des Anstands wegen zu heiraten, doch warum er mit seiner Braut auf solch eine unhöfliche Art umging, das wollte sich ihr nicht erschließen.

»Wenn Ihr nicht wolltet, dass ich hier bin, warum habt Ihr den Kutscher beauftrag mich hier auszusetzen? Mitten im Nirgendwo«, fragte Cecilia und ihre Stimme wurde schriller und schriller.

Lord Bolton fasste sich müde an den Kopf. Das war ein langer, alptraumhafter Tag. Ein Tag, der noch immer kein Ende nehmen wollte und nun auch das noch.

Ausdrücklich hatte er befohlen, die Frau im Stadthaus zu lassen, dafür seine Sachen zu packen und sie herzubringen. So schnell wie möglich hatte er gesagt und damit morgen früh gemeint. Nicht heute und erstrecht nicht mit ihr als ungewollten und unerwünschten Zusatz.

»Ich habe nichts dergleichen getan. Das Letzte, was ich hier haben möchte, seid Ihr«, schleuderte er Cecilia verächtlich entgegen.

Sprachlos öffnete und schloss sie den Mund mehrfach. Dann, von Wut und Empörung überwältigt, nahm sie eine kleine Porzellanfigur von der Anrichte und schleuderte sie ihm entgegen. Lord Bolton konnte gerade noch in Deckung gehen, als auch schon das nächste Geschoss kam.

Was glaubte diese Person eigentlich, wer sie war? Was maßte sie sich an, seine Einrichtung nach ihm zu werfen? Welche eine Furie hatte ihm das Schicksal aufgezwungen?

Cecilia wollte sich etwas größeres Schnappen, was sie nach ihm werfen konnte und sah sich um, als Mrs. Green sich zwischen sie stellte.

»Halt, ich…«, rief die alte Frau und wurde beinahe von dem Hocker erschlagen, den die Verrückte, mit Schlamm und Dreck bedeckte Person, sich gekrallt hatte.

»Es reicht!«, rief Jonathan so laut wie möglich. Er schloss seine Hände zu Fäusten zusammen und wusste, dass er einen Wurf davor entfernt war, sie übers Knie zulegen. »Verschwindet aus diesem Haus, oder Ihr werdet alles, was ab jetzt passiert, bitterlich bereuen!«

Cecilias Brust hob und senkte sich vor Wut. Auch sie schien außer sich zu sein. Ohne ein weiteres Wort, ließ sie den Hocker fallen, drehte sich auf den Absatz um und stürmte in die finstere Nacht hinaus.

Erleichtert, sie endlich los zu sein, atmete Jonathan aus und bückte sich nach dem Kopf des Porzellanhundes, der wegen ihr zu Bruch gehen musste.

»Wollt Ihr ihr nicht nach?«, fragte Mrs. Green besorgt und blickte durch die Tür in die Dunkelheit. Jonathan lachte über diese alberne Frage. Natürlich wollte er ihr nicht nach. Er war froh, sie nicht mehr im Haus zu haben.

»Eure Lordschaft!« Mrs. Greens Tonfall wurde schärfer. »Ihr müsst ihr nach. Weiß Gott, was der armen Frau da draußen zustößt.«

»Der armen Frau? Das ist keine arme Frau, das ist eine Verrückte. Ihr Schicksal ist nicht mein Problem. Wir sind lediglich verheiratet. Das ist alles. Ich habe sie nicht einmal hierher bestellt...«

»Jonathan William Brookwood, was würde eure liebe, gütige Mama jetzt von euch denken, wenn sie noch zwischen uns Weilen würde?«, fragte ihn Mrs. Green und stemmte die Hände in die Hüfte. Sie sah ihn streng an. »Geht diesem armen, ängstlichen Kind auf der Stelle hinterher, bevor Ihr ihr Leben auf dem Gewissen habt. Sie ist vom Gesetz her eure Frau und Ihr seid für sie verantwortlich. Ihr allein.«

Sie zeigte herrisch nach draußen und machte das gleiche Gesicht, das sie früher schon bei ihm aufsetzte, wenn er etwas verbrochen hatte. Jonathan holte tief Luft, besann sich seiner Verantwortung und seiner Manieren und lief der irren Person, die er aus Unglück und Peinlichkeit heraus hatte heiraten müssen, hinterher.

Er wusste nicht wohin, zu düster und finster war es um ihn herum. Auf gut Glück lief er gerade aus, auf ein nahes Wäldchen zu. Wenn er sie nicht finden konnte, würde er das verschmerzen, dachte Jonathan und lauschte in die Nacht hinaus. Wenige Meter vor ihm hörte er Äste brechen und laute Flüche.

Verbittertet lachte er auf, weil an den Ball denken musste, an dem sie sich zum ersten Mal begegnet waren. Wenn man das, was ihnen zugestoßen war, überhaupt als Begegnung bezeichnen konnte.

Die Frau hatte die nervige Angewohnheit in der Nacht draußen herumzuirren. In Ruhe und ohne Hast näherte er sich den Geräuschen und erkannte im wenigen Licht des Mondes eine Person, die sich gegen einen Baum lehnte und sich den Knöchel rieb.

»Es ist immer ratsam den Weg zunehmen. Auf diese Weise kann man es vermeiden, in einem Teich zu landen, oder sich die Beine zu brechen«, kommentierte er und blieb neben ihr stehen.

Cecilia schrak auf, drehte sich um und versuchte ihn in den Schatten zu lokalisieren. Sobald sie seine Silhouette ausmachte, keifte sie zurück:

»Viel ratsamer ist es, sich von euch fernzuhalten, damit würde man sich einiges mehr ersparen.«

»Bedeuten eure Worte also, Ihr benötigt keine Hilfe, findet zu Fuß nach London zurück und ich kann wieder ins Haus gehen und mich betrinken?«

Sie schnaubte, antwortete ihm nicht, sondern massierte weiterhin unter Stöhnen ihren Fuß. Jonathan wusste, dass er es nicht verantworten konnte, die Frau allein zu lassen, doch gleichzeitig sträubte sich alles in ihm dagegen, ihr sein Zuhause anzubieten. Selbst, wenn es nach englischen Recht auch das ihre war.

»Könnt Ihr auftreten?«, fragte er sie schließlich nach einem langen Moment der Stille zwischen ihnen. Sie antwortete nicht, sondern massierte weiter.

»Könnt Ihr auftreten?«, wiederholte er, diesmal bestimmter.

»Nein«, kam es trotzig zurück.

Er verdrehte die Augen. Das hatte ihm noch gefehlt. Ohne sich weiter um ihren Unwillen sich helfen zu lassen zu kümmern, trat er an sie heran, fasste sie mit einem Arm unter dem Hintern und mit dem anderen an den Schultern und hob sie hoch.

»Was macht Ihr da?«, fragte sie erschrocken und

drückte ihre Hände gegen seine Brust.

»Wonach sieht es aus? Ich trage euch zum Haus. Wenn Ihr weiter so herumstrampelt, werfe ich euch über die Schulter wie einen Sack Mehl. Also haltet still oder lebt mit den Konsequenzen.«

Sie hielt nicht still, nein, sie wollte wieder heruntergelassen werden. Was er auch tat und kopfschüttelnd registrierte, dass sie, sobald man sie absetzte, einknickte. Bevor er noch mehr Zeit mit sinnlosen Diskussionen verlor, warf er sie, wie angekündigt, über die Schulter und ignorierte das aufkommende Gezeter.

Lord Bolton betrat mit ihr die offene Schwelle des Hauses, blickte von seinem Schicksal gequält in das schockierte Gesicht von Mrs. Green und lief mit der schlammverkrusteten Frau in die kleine Waschküche, wo er sie wortlos absetzte und hinaus ging. Seine Aufgabe als sorgender Ehemann war damit erledigt, hoffentlich war die Frau in der Lage sich selbstständig frisch zu machen.

Er lief an Mrs. Green vorbei, die ihnen gefolgt war und sagte zu ihr, man würde ihn im Salon finden, wenn man ihn suchte. Je länger sich die Dame Zeit ließe, desto betrunkener würde er sein. Sie sollte sich also beeilen. Er betonte das so laut, dass man ihm im ganzen Haus hören konnte.

♠

Cecilia lehnte sich wütend gegen einen leeren großen Bottich und schnaubte. Was bildete sich dieser ungehobelte, gemeine und unhöfliche Kerl eigentlich ein? Dachte er etwa, er würde ihr einen Gefallen damit tun, sie hierher zu bringen? Sie würde lieber noch Jahrzehnte

Tante Olivias schlechte Laune ertragen, als nur einen Tag mit diesem Idioten von einem Lord zu verbringen.

Während sie sich in Rage dachte, brachte die nette ältere Frau zusammen mit einem Diener, der ihr ähnlich sah, eimerweise heißes Wasser herbei. Sie ließen Cecilia rücksichtshalber in ihrem Gedankensturm allein und verabschiedeten sich mit einer Verbeugung, als der große Bottich zur Hälfte mit heißem Wasser gefüllt war.

Verdrießlich blickte Cecilia darauf.

Einerseits wollte sie so schnell wie möglich den Dreck loswerden, andererseits reizte es sie, mit Schuhen und Mantel durch das Haus zu laufen und alles einzusauen, was man einsauen konnte. Nur, um Lord Bolton damit zu verärgern.

Ihr Bedürfnis nach Sauberkeit siegte über ihren Wunsch nach Rache und Zerstörung. Mit einem resignierten Seufzer entledigte sie sich des Mantels, warf ihn wütend in die Ecke, zog umständlich Schuhe und Kleid aus, und kämpfte mit dem Korsett. Sobald sie nackt war, schlüpfte sie rasch und scheu ins heiße Wasser und erschauderte. Erst jetzt konnte sie wieder normal atmen und über die letzten Stunden nachdenken.

Was sollte sie in ihrer Situation tun?

Schnell den Dreck abwischen, sich wieder ankleiden und verschwinden? Aber wohin? Ihre Tante, die ihr die Schuld dafür gab, dass Katrin einen armen Dichter heiraten musste, weil Cecilia als Anstandsdame völlig versagt hatte, würde sie auf der Stelle vor die Tür setzen, sobald sie versucht einen Schritt über die Schwelle zu tun. Tante Olivia ahnte ja nicht, wie unberechenbar und verrückt Katrin sein konnte. Man benötigte einen ganzen Bataillon an Anstandsdamen, um auf das Mädchen Acht zugeben.

Andere Verwandte hatte Cecilia nicht. Sie könnte sich Arbeit als Gesellschafterin suchen, doch als verheiratete Frau würde man sie nicht nehmen. Sich als jemand anderes auszugeben, käme zwar in Frage, doch woher die notwendigen Empfehlungsschreiben bekommen, die man für solche Anstellungen benötigte?

Ihre Situation war verzwickt. Verzweiflung und Hoffnungslosigkeit machte sich breit. Müde wischte sie sich den Dreck aus dem Gesicht und bedauerte erneut ihr Schicksal.

Sollte sie mit Lord Bolton reden und mit ihm zusammen eine Lösung finden? Vielleicht könnte sie ihn davon überzeugen ihr ein kleines Zimmer in der Ferne zu finanzieren, in das sie sich den Rest ihres Lebens zurückziehen könnte und er so von ihr Ruhe hätte. Er mochte sie nicht, sie mochte ihn nicht. Womöglich ließ sich ein Arrangement treffen, das sie beide am Ende glücklicher machte?

Blieb ihr denn eine andere Wahl, als um Unterkunft und Unterhalt zu betteln? Frustriert tauchte Cecilia ihren Kopf unter Wasser und wieder auf.

Konnte sie das? Konnte sie einen Menschen, der sie würdelos und unhöflich behandelt hatte, um etwas bitten?

Sie wusste es nicht, doch sie musste es versuchen.

♠

Man hatte ihr ein unförmiges Hemd und einen alten Morgenmantel hingelegt. Sie schlüpfte hinein, band ihre noch nassen Haare zu einem Zopf und zog den Mantel eng um sich. Vorsichtig öffnete Cecilia die Tür und blickte nach rechts und links. Mittlerweile musste mehr als eine Stunde vergangen sein, seit Lord Bolton sie unsanft in der

Waschküche abgeladen hatte. Das Wasser war längst kalt und im Haus war es still.

Zum Glück ging es ihrem Fuß wieder besser, sodass sie unter leichten Schmerzen wieder laufen konnte. Vorsichtig, darauf bedacht keinen Laut zu verursachen, trat Cecilia in den dunklen Flur hinaus und tastete sich voran. Sie hatte den Entschluss gefasst, Lord Bolton einen Vorschlag zu unterbreiten, der für sie beide akzeptabel und erträglich war. Doch dafür müsste sie Lord Bolton erst einmal finden.

Sie ärgerte sich darüber, nicht eine der Kerzen aus der Waschküche mitgenommen zu haben. Langsam ging sie die Wand ab und versuchte sich zu orientieren. Cecilia glaubte eine Tür gefunden zu haben, drehte an den runden Knauf und öffnete sie leise. Die Vorhänge des Raumes mussten zugezogen sein, sie sah absolut nichts.

»Was macht Ihr da?«, hörte sie eine laute Stimme hinter sich und erschrak. Hastig drehte sie sich um und wäre beinahe gegen den Mann gelaufen.

»Ich suche euch«, sagte sie und fühlte sich ertappt.

Er drehte die Petroleumlampe in seiner Hand auf und leuchtete den Raum aus. Es war eine Abstellkammer.

»Da drin?«, fragte er sie spöttisch und drehte sich auf den Absatz um. »Kommt mit. Normalerweise verweile ich in einem Salon, wie jeder normale Mensch auch. Dort, wo Ihr mich zu finden glaubtet, findet man nur Mäuse und alten Käse.«

Er lachte über seinen eigenen Witz und schwankte beim Laufen, wie ein Matrose auf dem Festland. Augenscheinlich hatte er tatsächlich getrunken. Misstrauisch folgte Cecilia ihm in einen gemütlichen, kleinen Raum mit vollen Bücherregalen, Sofas und Sesseln. Er wies ihr, sich zu setzten, drückte ihr ein volles

Glas Scotch in die Hand und verkündete:

»Da Ihr nun hier seid, müssen wir miteinander reden, auch wenn ich gehofft habe, das über Wochen hinweg vor mich herzuschieben. Wenn nicht sogar Jahre.«

Wütend sah sie ihn an. Hörte sie richtig? Hatte der Mann ernsthaft vorgehabt sie einfach wie ein Möbelstück in seinem Stadthaus abzustellen und sich nicht mehr blicken zu lassen?

»Warum habt Ihr mich überhaupt geheiratet, wenn Ihr eine Ehe mit mir nicht führen wollt? Ihr hättet es doch einfach bleiben lassen können.«

»Ich weiß. Ihr hättet den Antrag einfach ablehnen können.«

»Das ging nicht. Das wisst Ihr. Mein Ruf wäre ruiniert«, erwiderte sie.

»Hätte ich euch nicht einen Antrag gemacht, wäre es meinem Ruf ähnlich ergangen.«

»Also wolltet Ihr mich nicht heiraten«, stellte Cecilia fest.

Er lachte.

»Natürlich nicht. Ihr mich etwa?«

»Nein, auf gar keinen Fall.«

»Heureka, wir haben endlich etwas gemeinsam«, stellte er fest, prostete ihr zu und trank sein Glas mit einem Schluck leer.

»Was machen wir denn jetzt?«, fragte Cecilia, blickte auf die goldene Flüssigkeit und verzog den Mund. Ihr war nicht danach zu trinken, doch sie fühlte sich, als sollte sie trinken. Und zwar viel.

»Selbstmord? Ihr dürft zuerst«, schlug er vor.

Schockiert sah sie zu ihm hoch. Meinte er das so? Nein, er scherzte böse mit ihr. Eindeutig kein Gentleman, auch wenn er als ein solcher behandelt wurde. Der Mann war der Teufel höchstpersönlich. Entschlossen trank sie ihr Glas leer und sah ihm in die Augen.

»Ich habe für euch einen vernünftigen Vorschlag.«

»Oh Gott«, erwiderte er, erhob sich von seinem Sessel, schenkte ihr und sich nach und sprach währenddessen weiter: »Wenn eine Frau das Wort Vorschlag und Vernunft in einem Satz bringt, weiß ich schon, dass ich das Ersteren nicht annehmen kann und mit Zweiterem nicht zu rechnen habe.«

Cecilia sah auf das Glas, das er ihr reichte und überlegte, ob sie ihn damit bewerfen sollte. Eine sehr verlockende Idee.

»Trinkt es erst aus. Das ist ein guter Tropfen. Der billige Fusel ist mir vor Stunden ausgegangen«, erwiderte er, ihre Gedanken lesend, weil er glaubte, sie zu kennen. Sie beschloss ihn vom Gegenteil zu überzeugen und schluckte ihre Wut herunter.

»Ich mag euch nicht und offensichtlich mögt Ihr mich auch nicht. Was mir keine Kopfschmerzen bereitet. Wir beide wollten diese Ehe nicht und waren nicht tapfer genug dies kundzutun.«

»Ich fasse es nicht, doch ich gebe euch in allen Punkten recht«, kommentierte Lord Bolton und machte es sich auf seinem Sofa wie ein Pascha bequem.

»Deswegen schlage ich euch Folgendes vor«, fuhr Cecilia ungerührt fort.

»Na da bin ich ja mal gespannt.«

»Ich brauche nicht viel zum Leben. Von klein auf besaß ich nichts, außer das, was Onkel und Tante mir zu geben bereit waren. Meine Eltern konnten mir nichts vererben, als sie starben. Und so habe ich gelernt sparsam zu sein.«

»Sehr löblich. Ihr wollt also in ein Kloster? Eine vorzügliche Idee. Ich bringe euch morgen dahin. Sucht

euch eins aus. Ich nehme auch lange Strecken im Kauf.«
Er lächelte sie kalt an.

Cecilia erwiderte das Lächeln ebenso kalt und ließ sich
von seinen frechen Worten nicht aus der Ruhe bringen.

»Gebt mir eine Bleibe - ein warmes Zimmer genügt –,
ein paar Pfund im Monat für Nahrung und Nadelgeld und
ich wäre damit zufrieden. Wir würden uns nie wieder
sehen. Selbst zu eurer Beerdigung würde ich nicht
erscheinen«, versprach sie und sah ihn gebannt an.

Lord Bolton setzte sich gerade hin, trank, betrachtete
sie lange und antwortete nach einer unangenehmen Pause
mit müder Stimme:

»Darüber habe ich auch schon nachgedacht. Ich wäre
sogar bereit, euch zwei warme Zimmer zu gewähren und
mehr als nur ein paar Pfund, doch leider ist das nicht so
einfach, wie Ihr glaubt.«

»Warum nicht? Ich dachte, Ihr wärt reich. In ganz
London prahlt Ihr mit euren 20 000 Pfund«, erwiderte sie
wütend.

»Das ist es nicht. Ich würde meinen linken Arm sogar
hergeben, um euch wieder loszuwerden...«

»Danke, sehr schmeichelhaft.«

»...doch als Lord Bolton habe ich Verpflichtungen.«

»Welche? Welche Verpflichtungen hat man schon als
reicher Lord?«

»Ist das eine rhetorische Frage, oder erwartet Ihr eine
ernsthafte Antwort?«, fragte er, sichtlich genervt von ihr.

»Ich erwarte eine Antwort.«

Er schüttelte den Kopf darüber, dass er etwas, das
seiner Meinung nach auf der Hand lag, erklären musste.

»Erben. Eine meiner Verpflichtungen ist es, den Titel
an geeignete und rechtschaffene Erben weiterzugeben.«

»Und? Was hat das mit mir zu tun?«, fragte Cecilia und

sah ihn verständnislos an.

»Mädchen, seid Ihr so naiv, oder tut Ihr nur so? Ihr seid meine Frau. Woher glaubt Ihr, sollen diese Erben kommen? Soll ich sie mir Malern oder Töpfern?«

»Oh.« Die Tragweite seiner Worte trafen Cecilia mit voller Wucht. »Nein, auf gar keinen Fall!«

Er erwiderte nichts, zuckte mit den Schultern und trank noch mehr. Die Uhr tickte leise, der Wind wehte an den Fenstern vorbei und im Salon blieb es verdächtig still.

»Kinder? Mit euch? Um Gottes willen!«, sagte Cecilia schließlich. Ihre Stimme wurde bei jedem Wort höher.

»Ihr sprecht mir aus der Seele«, erwiderte Lord Bolton trocken.

»Habt Ihr nicht uneheliche Bastarde, die Ihr anerkennen könnt? Oder adoptiert doch welche. So viele sind ohne Eltern. Tut etwas Gutes«, schlug sie ihm vor und trank ihr zweites Glas leer.

Ihre Hände zitterten. Diesen Aspekt der Ehe hatte sie bis jetzt nicht bedacht. Wie auch? Die Ereignisse hatten sich in den letzten Tagen regelrecht überschlagen, waren chaotisch und unübersichtlich geworden und wirkten noch immer wie ein skurriler Alptraum auf sie. Ein Alptraum, der kein Ende finden wollte.

»Nein, ich habe keine unehelichen Kinder und ich werde auch keine adoptieren. Seid Ihr eigentlich von allen guten Geistern verlassen?«, fragte er sie wütend und wartete keine Antwort ab, sondern sprach mit sich selbst weiter: »Wahrscheinlich. Was frage ich da?«

»Heißt das, wir müssen…«, unterbrach sie ihn.

»Ja.«

»Oh mein Gott. Wie oft?«

»So oft, bis Ihr schwanger seid.«

Cecilia bekreuzigte sich und sah ihn mit großen Augen

an. Das wäre der Moment, in dem sie gerne aufwachen würde. Was nicht geschah. Stattdessen blickte sie den finsteren, großen Mann vor ihr an, der sie wie eine Geisteskranke betrachtete, und sich vor ihr genauso ekelte, wie sie sich vor ihm.

»Gibt es keinen anderen Weg? Eine Scheidung?«

Er schnaubte in sein Glas.

»Ich rette doch nicht meinen und euren Ruf, in dem ich euch heirate, um mich dann von euch scheiden zu lassen und unser beider Ruf damit endgültig zu ruinieren. Um Gottes willen, Frau, benutzt doch euren gottgegebenen Verstand.«

Cecilia schloss die Augen und zählte, wie so oft bei Katrin, bis zehn. Sie musste sich beruhigen, bevor sie etwas wirklich Verrücktes tat. Noch nie zuvor hatte sie ein Mensch dermaßen wütend gemacht.

»In Ordnung«, sagte sie ruhig, die Augen noch immer geschlossen. »Ein Kind. Nicht zwei, nicht drei, nur eins. Ich will dafür ein kleines Haus in den Highlands und euch nie wieder sehen. Nie wieder. Bis ich sterbe. Und da Ihr ganz sicher in die Hölle kommt, werden wir uns nach dem Tod nicht begegnen müssen. Ein Gedanke, der mich tröstet.«

»Da wäre ich mir nicht so sicher. Mein Gefühl sagt mir, dass der Himmel auch nichts für euch ist. Aber reden wir nicht darüber. Ich bin einverstanden. Je weiter weg und höher das Häuschen in den Highlands ist, desto lieber wäre mir das«, hörte sie ihn mit seinem tiefen Bass antworten.

Erstaunt, dass er tatsächlich auf ihren Vorschlag einging, öffnete sie die Augen, stellte entschlossen ihr Glas beiseite und reichte ihm die Hand.

»Euer Wort, eure Lordschaft, gebt mir euer Wort.«

Er erwiderte den Händedruck und wiederholte die getroffene Vereinbarung.

Ehe und andere Probleme, die man sich macht

Ratlos stand Jonathan vor seinen Koffern und wusste nicht, ob der viele Scotch von gestern Nacht oder die Tatsache, dass er mit einer Durchgeknallten verheiratet war, ihm Kopfschmerzen bereitete.

Seine Anzüge und Hemden, die er für die Dauer seines Aufenthalts in dem kleinen Landhaus hatte packen lassen, lagen zerstreut auf dem Feld, waren nass vom gestrigen Regen und heutigen Tau und dreckig von kleinen, matschigen Füßen, die ohne jeden Zweifel mit viel Freude und Boshaftigkeit mehrfach darüber gelaufen waren.

Edward, Sohn von Mrs. Green und ein alter

Kindheitsvertrauter, kratzte sich am Kinn und blickte ratlos auf das Schlamassel.

»Entweder war das ein Wildschwein, das Koffer öffnen kann, oder eure Gemahlin ist verrückt«, stellte der Mann nüchtern fest.

»Ich wünschte, ich hätte das kofferöffnende Wildschwein geheiratet. Dann würde alles einen Sinn ergeben«, erwiderte Jonathan und beugte sich über seinen großen Koffer.

Gemeinsam packten sie alles ein, hievten das Gepäck auf den Wagen und fuhren die kurze Strecke zurück zum Haus. Der Wagen passte gerade noch durch die kleine Einfahrt.

Mrs. Green würde sich über die viele Arbeit, die nun auf sie zukam, nicht freuen. Aus Strafe, so nahm Jonathan sich vor, würde er Cecilia dazu zwingen, ihr zur Hand zu gehen.

Wut über das verrichtete Chaos stieg in ihm hoch, doch er schluckte sie herunter. Er musste nur wenige Wochen mit ihr auskommen, sie schwängern und dann, sobald das Kind auf der Welt war oder sogar vorher, nie wieder sehen. So schwer konnte das ja nicht sein. Am besten, er brachte es, wenn die zwei Greens zum Markt gefahren waren, heute noch hinter sich.

Jonathan sprang vom Wagen, holte nach und nach die Koffer mit Edward herunter und machte sich auf die Suche nach seinem Wildschwein.

Im Haus fand er sie nicht. Auch Mrs. Green blieb verschwunden. Er traf beide im Garten an, wo sie auf Knien Pflanzen begutachteten und sich dabei prächtig verstanden. Was hatte die Frau da nur an, wunderte er sich. Von hinten konnte er sie kaum von der Haushälterin unterscheiden.

Die Frauen bemerkten ihn erst, als er sich räusperte.

»Euer Sohn wartet auf euch, Mrs. Green«, sagte er und deutete in die Richtung, in der der Wagen vor dem Haus stand. Die Haushälterin erhob sich schwerfällig, säuberte ihre Hände an der Schürze und warf Jonathan einen strengen Blick zu, bevor sie sich ihren Korb schnappte und davon ging.

Er blieb mit Cecilia allein.

Sie musste sich ein altes Kleid der Haushälterin geborgt haben, das an ihr wie ein Sack hing und noch altmodischer wirkte, als es eh schon war. Aber wenigstens hatte sie diesmal keinen Dreck im Gesicht, dachte er, und nahm eine strenge Haltung an.

»Was habt Ihr gestern Nacht mit meinen Sachen angestellt?«, fragte er und lauschte gleichzeitig, wie der Wagen vor der Tür wendete.

»Ich habe sie gelüftet«, erwiderte sie rotzfrech und ging an ihm vorbei auf das Haus zu.

»In dem Ihr mehrfach darauf auf und ab spaziertet?«

»Das war ein Versehen, weil es so dunkel war. In der Nacht, ohne Licht und einer Ahnung, warum man mich auf einem Feld ausgesetzt hatte, passieren solche Dinge nun einmal.«

Das Trappeln der Pferde war kaum noch zu vernehmen. Gut, dachte Lord Bolton, sie hätten drei Stunden, um es hinter sich zu bringen.

»Ihr werdet Mrs. Green helfen, die Hemden zu reinigen. Die arme Frau kann das nicht allein und Ihr seid dafür verantwortlich, dass sie diese undankbare Aufgabe übernehmen muss«, befahl er und folgte ihr ins Haus.

Cecilia blieb stehen und blickte ihn verwundert an.

»Warum helft Ihr ihr denn nicht?«, fragte sie.

Das machte ihn für eine Sekunde sprachlos. Dachte sie

wirklich, er würde seine Hemden reinigen? Er? Ein Lord? Bevor er sich weiter mit den irren Gedankengängen dieser Frau beschäftigte, sollte er lieber zudem kommen, weswegen er hier war.

»Wir haben drei Stunden, um den Beischlaf zu vollziehen. So viel Zeit werden wir zum Glück nicht benötigen, also lasst es uns hinter uns bringen.«

Ihr Mund klappte nach unten. Sie sah ihn mit großen Augen an.

»Jetzt? Am helllichten Tag?«

»Natürlich. Am besten auf der Stelle, damit wir uns nicht damit weiter herumplagen müssen.«

Ihr Hals und ihre Wangen wurden bei seinem letzten Satz rot. Vor Wut oder vor Verlegenheit, das wusste er nicht zu sagen. War für ihn auch nicht von Bedeutung.

»Ich glaube, es gehört sich nicht, bei Tageslicht miteinander... zu verkehren«, sagte Cecilia und drehte sich um. Schneller als nötig ging sie die Treppe hoch.

Jonathan folgte ihr auf dem Fuß. Er hatte mit Widerstand gerechnet. Immerhin hatte er eine prüde, bürgerliche Jungfer geehelicht, was wollte er da schon groß erwarten?

»Viele Dinge gehören sich nicht. Unteranderem Männer in einen Teich zu werfen und dann über sie herzufallen, sodass sie gezwungen werden, einen zu heiraten. Manchmal lässt das Leben einem einfach keine Wahl.«

Cecilia erreichte das einzige Gästezimmer, in dem sie gestern übernachten durfte und wollte die Tür hinter sich schließen, doch er schob ein Bein dazwischen und zwängte sich mit ins Zimmer.

»Ich will das nicht!«, verkündete sie trotzig.

»Ich doch auch nicht«, erwiderte er und zog sein Jackett aus. Er ahnte, dass das ein Kampf sein würde. »Ihr könnt alles an lassen, auch wenn mir das Zelt, das Ihr tragt, es sehr schwer macht, Lust zu empfinden. Im Grunde empfinde ich im Moment das Gegenteilige.«

Jonathan verzog wehleidig das Gesicht, als er auf den altmodischen Rock und den matronenhaften Schnitt des braunen Kleides, das sie trug, deutete.

»Wenn ich euch sehe, übermannt mich auch nicht gerade die Lust«, erwiderte sie gekränkt und verschränkte die Arme.

Er warf Cecilia einen spöttischen Blick zu, wohlwissend, ein gutgebauter und von der Natur großzügig begünstigter Mann zu sein. Frauen zu erobern, war bis jetzt noch keine Hürde für ihn gewesen.

Er hatte es – zugegebenermaßen - noch nicht mit solch einer Frau zu tun. Es würde am Ende höchstwahrscheinlich an ihm scheitern und nicht an ihrem prüden Wesen.

»Legt euch hin, rafft die Röcke und lasst mich den Rest erledigen«, sagte er herrisch.

»Wie bitte?«

»So schwer ist das nicht. Ich verspreche euch, es wird schnell vorbei sein. Ich sehe keinen Grund, das länger als nötig hinauszuzögern.« Jonathan machte sich an seinen Hosenknöpfen zu schaffen.

Ihr trotziges »Nein« ließ ihn aufblicken.

»Nein? Was soll das heißen „Nein"? Wollt Ihr euch etwa nicht an unsere gestrige Vereinbarung halten?«

»Ich will, aber doch nicht so.« Sie ging einen Schritt zurück und stellte einen Stuhl zwischen ihm und sich. »Mitten am Tag, mit überschlagenen Röcken, wie eine Dirne. Das ist unanständig. Und ich fürchte, völlig nüchtern schaffe ich das nicht.«

Sie legte eine Hand auf die Stelle ihrer Brust, wo sich

das Herz befand. Jonathan konnte ihre Gefühle sehr gut nachvollziehen, auch ihm verlangte es danach, sich hemmungslos zu betrinken und sie halbohnmächtig zu besteigen.

Ohne ein weiteres Wort ließ er sie stehen, lief eilig nach unten in den Salon, suchte den verbliebenen Scotch, nahm aus der Küche noch einen Wein und zwei Gläser mit und kam dann leicht außer Atem in ihrem Zimmer wieder zum Stehen.

Hastig schenkte er ihnen beiden ein, prostete ihr zu und trank. Sie tat es ihm nach, zögerlicher und langsamer.

»Gleich noch einen«, sagte er und füllte auf.

Den Alkohol von gestern Nacht hatte er noch im Blut und ihm wurde beim zweiten Glas übel. Das nahm Lord Bolton tapfer in Kauf und ignorierte den aufkommenden Brechreiz. Er musste diese Tortur wie ein erwachsener Mensch ertragen und sollte aufhören zu klagen.

»Wir könnten die Vorhänge zuziehen, dann wird es dunkler«, schlug er vor. Cecilia nickte und machte sich sogleich an die Arbeit, jeden Lichtstrahl aus dem Zimmer zu verbannen.

Jonathan verschloss die Tür und drehte vorsichtshalber den Schlüssel um, den er einsteckte. Sicher war sicher. Die Frau war unberechenbar. Cecilia bediente sich derweil selbstständig am Scotch und trank noch einen langen Schluck.

Immerhin verstand sie die Notwendigkeit des Aktes, was es ihm leichter machte. Das Letzte, wonach ihm der Sinn stand, war es, sich ihr mit Gewalt aufzudrängen, wie so manche seiner verheirateten Freunde, die sich eine junge, unerfahrene Braut zugelegt hatten. Seine Braut war nicht jung, stellte er verdrießlich fest, was es aber auch nicht besser machte.

»Wollen wir?«, fragte er und deutete auf das Bett. Sie folgte mit den Augen seiner Handbewegung, schluckte und ging darauf zu, wie ein Schaf auf eine Schlachtbank. Jonathan sah zur Zimmerdecke hoch und bat Gott um die Manneskraft, die er dafür benötigte, um das hinter sich zu bringen.

Ohne ein weiteres Wort, blieb sie vor dem Bettende stehen, beugte sich vor und rührte sich nicht. Sie erwartete von ihm, dass er die ganze Arbeit erledigte. Schicksalsergeben ging er zu ihr. Mit einem Ruck schob er die Röcke hoch und erschrak über die lange, weiße Unterwäsche, die sie darunter trug.

Er musste lachen, weil sie skurril darin aussah. Das alte Kleid und die Unterwäsche vervollständigten das nicht sonderlich schmeichelhafte Bild. Entrüstet drehte sie ihren Kopf nach hinten und fragte:

»Seid Ihr schon zu betrunken?«

»Nein. Leider nicht«, antwortete er.

Seine Erwiderung machte sie wütend und sie richtete sich auf. Erbost zog sie die Röcke nach unten.

»Gibt es keinen anderen Weg, das zu tun?«

»Nein. Leider nicht«, wiederholte er, diesmal mit ehrlich empfundenem Bedauern in der Stimme.

»Ich kann das nicht!«, verkündete sie. »Ich brauche noch mehr Scotch.«

Cecilia schob Jonathan beiseite, nahm sich die Karaffe, füllte ihr Glas, kniff mit der einen Hand ihre Nase zu und kippte sich mit der anderen den Inhalt in den Rachen. Angewidert von dem Geschmack verzog sie das Gesicht. Er selbst spürte schon längst die einsetzende Wirkung.

Irgendwie gefiel ihm ihr bereitwilliger Einsatz, das Notwendige mit allen Mitteln hinter sich zu bringen. Immerhin scheute sie sich nicht davor, sich an

Vereinbarungen zu halten.

»Jetzt aber!«, kommandierte sie ihn ans Bett und bedeutete ihm mit einer ungeduldigen Geste weiter zu machen. »Wenn Ihr euch nicht mit dem Lachen zurückhalten könnt, so schließt die Augen. Ich mach das auch, um nicht mehr von euch zu sehen als nötig.«

Diesmal sah er sie beleidigt an.

Was sollte das bedeutet? Er war ein hübscher Kerl und man hatte ihn schon das eine oder andere Mal heftig umschwärmt.

Sie beugte sich erneut übers Bett, warf diesmal die Röcke von allein hoch und präsentierte ihm die altmodische Unterwäsche, die sie von Mrs. Green bekommen haben musste.

Mit diesem Gedanken war es für ihn gelaufen. Resigniert und kapitulierend seufzte Jonathan und griff nach der Karaffe.

»Was ist los? Was macht Ihr?«, fragte sie verwundert.

»Nichts ist los, Darling. Ich kann bei eurem Anblick nicht das tun, was ich tun muss.«

»Was soll das heißen, Ihr könnt bei meinem Anblick nicht das tun, was Ihr tun müsst?«

»Exakt das heißt es. Der Satz bedarf keiner Erklärung.« Er trank und blickte auf die zugezogenen Vorhänge. Vielleicht würde es besser laufen, wenn er an nackte Nymphen dachte. Er versuchte es, doch das Bild von Mrs. Green drängte sich Jonathan auf und es schüttelte ihn.

»Und was machen wir jetzt? Ihr sagtet doch, wir hätten drei Stunden und Ihr würdet nicht so lange brauchen. So wie Ihr euch im Moment anstellt, genügt uns wahrscheinlich nicht mal ein ganzer Tag.«

Jonathan warf ihr einen langen Blick zu. Zog sie seine Manneskraft in Zweifel? Das konnte doch nicht wahr sein! Er schüttelte den Kopf und drehte sich wieder zu den Vorhängen.

»Solange Ihr ausseht, wie eine Gouvernante über siebzig, würde mir nicht mal eine Woche genügen«, sagte er.

»Das ist alles, was Mrs. Green mir geben konnte, das mir auch einigermaßen passte.«

Er hörte aus ihrer Stimme heraus, dass sein Verhalten sie beleidigte. Resigniert zuckte er mit den Schultern.

»Ich bin auch nur ein Mensch.«

»Seid nicht so bescheiden, eure Lordschaft, Ihr seid mehr als das. Ihr seid der Teufel höchstpersönlich«, sagte sie wütend. Er vernahm, wie sie am Stoff zog und sich mit dem Kleid abmühte.

»Danke. Ich fasse das als Kompliment auf. Vielleicht sollte ich es tatsächlich mit geschlossenen Augen versuchen, auch wenn ich mir nicht viel davon erhoffe.«

Er starrte noch immer auf die Vorhänge.

»Wenn das so ist, dann ziehe ich mich wieder an«, sagte sie erleichtert.

Auf der Stelle drehte Jonathan sich um. Die Frau hatte es tatsächlich geschafft sich das hässliche Kleid in Windeseile abzustreifen und sich des Korsetts, sowie der schrecklichen Unterhose, zu entledigen. Mit einem Hemd, das ihr bis zu den Knien reichte, stand sie vor ihm und blickte ihm trotzig ins Gesicht.

Auch, wenn das Hemd unförmig an ihr herunterhing, konnte er die Konturen, wie er sie schon einmal im Teich an jenem schicksalhaften Abend erblickt hatte, erahnen. Er trank sein Glas leer und stellte es entschieden ab.

Als sich bei ihm untenherum endlich etwas regte, sagte er:

»Na also!«

Hastig ging Lord Bolton drei Schritte auf sie zu, hob sie hoch und warf sie aufs Bett, bevor sie es sich anders überlegen konnte. Genug Zeit mit unsinnigen Diskussionen vertrödelt, beschloss er, nahm ihr Hemd und zog es ihr ruckartig über den Kopf.

Sie versuchte ihre Scham und ihre Brüste zu bedecken, was ihn nicht kümmerte, er war mit seinem eigenen Hemd beschäftigt, das man umständlich aufknöpfen musste. Etwas, das ihm in seinem merklich betrunkenen Zustand nicht besonders gut gelingen wollte.

»Moment«, sagte Jonathan und kämpfte mit drei verbliebenen hartnäckigen Knöpfen. Da er nichts gegen sie anrichten konnte, riss er am Hemd und zog es sich auf diese Weise kurzerhand aus.

Lag es am Alkohol, an der absurden Situation, oder warum war er auf einmal so erregt? Jonathan schielte unauffällig auf Cecilia herunter, die sich Mühe gab, alles zu verdecken und gleichzeitig ihn nicht anzusehen. Ohne Kleidung sah sie nicht so schlecht aus. Sie sah sogar sehr gut aus, besser als erhofft. Hatte schwungvolle Kurven, Brüste und weiche, makellose Haut. Er hätte es schlechter treffen können.

Jonathan musste sich auf das konzentrieren, was zu tun war und aufhören, sie anzustarren. Für einen kurzen Augenblick hatte er überlegt, sie am Hals zu küssen und seine Zunge zu den hellen, rosafarbenen Nippel wandern zu lassen, die zwischen ihren Fingern hervorlugten. Das schlug er sich schnell wieder aus dem Kopf. Für solche Spielereien waren sie nicht hier.

Rasch entledigte er sich seiner Hose, legte seine Hände auf die Innenseite ihrer Beine und versuchte ihre Oberschenkel zu spreizen.

Was sie nicht zu ließ.

»Ich muss in euch eindringen«, sagte er bestimmt. »Wenn Ihr euch dagegen wehrt, wird das nichts. Und Vergnügen bereitet uns das am Ende beiden nicht.«

»Wir sind auch nicht wegen des Vergnügens hier«, sagte sie und bedeckte ihre Augen mit den Händen. Dadurch konnte er einen uneingeschränkten Blick auf ihren Körper werfen und hätte ihr beinahe widersprochen. Dass er Vergnügen empfand - in diesem Moment jedenfalls - das könnte sie sehen, wenn sie die Augen wieder öffnen würde.

»Bringt es hinter euch!«, forderte sie ihn auf.

Es schien ihr ernst mit der Pflicht zu sein, was ihm wiederum doch noch einen kleinen Dämpfer verpasste. Er hätte es schon gern leidenschaftlicher. So kam er sich wie ein Bulle vor, den man ans Gitter ließ, damit er die Kuh bestieg, um danach geschlachtet zu werden.

»Worauf wartet Ihr?«, fragte Cecilia und linste zwischen den Fingern zu ihm hoch. Jonathan verkniff sich die bissige Antwort und tat, wie geheißen.

Es war eine sehr rasche Prozedur, die ihr kurzzeitig Schmerzen bereitete und nach wenigen Stößen vorbei war.

Er wollte es nicht länger als nötig hinauszögern, da sie ihm mehr als offensichtlich signalisierte, keinen Spaß daran haben zu wollen.

Der nackte Moment

»Schon wieder?«, fragte Cecilia und sah Jonathan entgeistert an. »Wie oft müssen wir das machen?«

»Sprecht noch lauter, man hat euch noch nicht in London gehört«, flüsterte er und zog sie hinter Gartenbüsche, wo sie weder gesehen und noch gehört werden konnten. »So oft, bis Ihr schwanger werdet natürlich.«

»Aber wir hatten gestern erst…«

»Sprecht leiser«, ermahnte er sie.

»Aber wir hatten gestern erst miteinander verkehrt«, sagte sie zwischen zusammengebissenen Zähnen und brachte einen Korb voller Äpfel, die sie in Auftrag von Mrs. Green erntete, zwischen sich und ihn. »Können wir nicht noch ein paar Tage warten? Vielleicht hat es schon genügt.«

»Nein. Wir müssen auf Nummer sicher gehen. Ich will

das nicht länger als nötig machen«, sagte Lord Bolton. Er blickte streng auf sie herunter, hob die Hand und deutete über den grünbewachsenen Zaun. »Nicht mal eine halbe Meile hinter dem kleinen Bach befindet sich eine Scheune. Trefft mich dort in einer halben Stunde. Trödelt nicht, ich habe noch andere wichtige Angelegenheiten zu erledigen.«

Er drehte sich um und verschwand. Verwundert blickte ihm Cecilia nach, die sich nicht zum ersten Mal fragte, ob mit diesem Mann alles in Ordnung war.

Gestern hatte er suggeriert, sie zu schwängern würde ihm alles abverlangen und er wusste nicht, ob er dieser Aufgabe überhaupt gewachsen sei und heute, keine zwölf Stunden später, wollte er es schon wieder tun.

Und das auch noch in einer Scheune.

Männer waren in der Tat - wie Tante Olivia es immer betont hatte - unanständige Lüstlinge. Kopfschüttelnd ging Cecilia zurück ins Haus und stellte den Korb auf dem Küchentisch ab.

»Danke, Lady Bolton, das war sehr gütig von euch. In meinem Alter kann man sich nicht mehr so gut bücken«, sagte Mrs. Green und strafte ihre Worte Lüge, in dem sie sich nach einer Pfanne im untersten Fach eines Regals streckte.

»Ich bitte euch, Mrs. Green, nennt mich Cecilia. Lady Bolton hört sich in meinen Ohren nicht richtig an. So gar nicht richtig.«

Die alte Frau schnalzte missbilligend mit der Zunge, warf ihr einen nachsichtigen Blick zu und verkündete laut, damit man sie im ganzen Haus und darüber hinaus hören konnte:

»Heute gibt es einen Apfelkuchen nach dem Lieblingsrezept der alten Lady Bolton, der Mama unseres jungen Lords. Das war eine gute Frau. Ihr hättet sie kennenlernen sollen. Sie besaß das Auftreten einer Königin und das Herz einer Nonne. Wäre sie noch am Leben, sie hätte euch mit Sicherheit gemocht.«

»Dann kommt Lord Bolton also mehr nach seinem Vater«, erwiderte Cecilia genauso laut und nahm sich einen Apfel aus dem Korb. Mrs. Green lachte und versagte sich dazu eine Antwort. Sie gluckste lediglich minutenlang amüsiert vor sich hin.

Mit dem Apfel in der Hand und dem fröhlichen Lachen der alten Frau im Rücken, ging Cecilia wieder hinaus, um sich auf den Weg zur besagten Scheune zu machen. Dabei dachte sie über die nette, mütterliche Mrs. Green nach, die sie wie eine Tochter empfangen hatte und sich ihr gegenüber so verhielt, als würde sie tatsächlich dazu gehören. Das verursachte ein warmes Gefühl in ihr. Wenn Cecilia gehen musste, würde sie es bedauern Mrs. Green nicht mehr wiederzusehen. Ihre mütterliche Art erinnerte sie an ihre eigene Mutter. Oder an das, an was sie glaubte, sich noch erinnern zu können.

Was Cecilia nicht bedauern würde, wäre es Lord Bolton nicht wiedersehen zu müssen. Der Mann hatte in den letzten vierundzwanzig Stunden nicht an Sympathie dazu gewonnen. Im Gegenteil, sein gestriges Verhalten im Gästezimmer hatte sie sehr gekränkt. Er war kein Gentleman und besonders ihr gegenüber sehr unhöflich. Sich mit Lord Bolton abzugeben war Cecilia zuwider.

Insbesondere, weil er äußerlich makellos schien. Männer sollten lieber klug und zuvorkommend sein. Es lag auf der Hand, dass es dem Charakter eines Mannes schadete, wenn er von der Natur mit hübschen Zügen und hohen Wuchs ausgestattet wurde. Wie es bei Lord Bolton der Fall war.

Diese körperlichen Vorzüge hatten ihn ganz zweifellos

zu einem unausstehlichen Dandy und Miesepeter werden lassen.

Die Scheune kam in Sicht.

♠

Cecilia, die noch immer das weite, unförmige Kleid von Mrs. Green trug, hatte ihre Mühe, auf dem kleinen Feldweg voran zu kommen. Sie ärgerte sich darüber, dass Lord Bolton ausgerechnet sein kleines Stelldichein mit ihr an solch einem Ort haben wollte. Anderseits wollte sie es auch nicht im kleinen Landhaus mit ihm tun, man würde wahrscheinlich alles hören und über sie schlechte Dinge sagen. Es wäre schade, wenn sie Mrs. Green nicht mehr in die Augen blicken könnte.

Sie stöhnte, wie in letzter Zeit oft, über ihr Schicksal und verfluchte Katrin, die ihr das alles eingebrockt hatte. Vermutlich schwelgte ihre Cousine zur gleichen Zeit im siebten Himmel, las ihrem Dichter seine Gedichte vor und schmolz Nachts in seinen Armen dahin, wenn er ihr sentimentale Worte ins Ohr flüsterte und ihr dabei lieblich übers Haar strich.

Sie dagegen musste die Prozedur von gestern in einem Stall über sich ergehen lassen und das Schlimmste war, dass sie diesmal nicht betrunken dabei sein konnte.

Die Scheunentür lehnte unverschlossen an.

Langsam, darauf bedacht keinen unnötigen Lärm zu machen, betrat Cecilia den hohen Raum, der bis zur Decke mit Heu beladen war und aus jedem Winkel danach roch.

»Lord Bolton?«, rief sie und lauschte. Keine Reaktion. »Lord Bolton?«

Sie ging tiefer hinein, bis sie Heuballen von allen Seiten

umgaben.

»Lord Bolton? Jonathan?«

»Hier!«, hörte sie es von oben zischen, legte den Kopf in den Nacken und sah zu ihm hoch. Der Lord lag lässig auf dem zweiten Boden der Scheune, auf einem Halm kauend und blickte auf sie herunter. »Kommt hoch!«

»Nein«, rief Cecilia. »Kommt herunter. Ich klettere da nicht rauf.«

»Doch. Es ist stabil und besser so. Hier sind wir vor Blicken sicher.«

Sie stritten sich eine ganze Weile darum, wer hoch und wer runter kommen sollte, bis Cecilia genervt war und nachgab, einfach, weil sie sehr wohl wusste, dass man mit männlichen Einfaltspinsel nicht diskutieren sollte.

»Ich tue das nur für das kleine Häuschen in den schottischen Bergen«, sagte sie zu ihm, sobald sie umständlich über die gestapelten Heuballen auf seine Höhe gelangte.

»Ich bin keine Sekunde lang von etwas anderem ausgegangen«, erwiderte er trocken und zog sein Jackett aus, um es auf dem Heu auszubreiten. »Falls Ihr befürchtet, den Eindruck von romantischer Verklärung und Leidenschaft bei mir zu hinterlassen, so kann ich euch beruhigen, das ist nicht der Fall.«

»Gut. Ich habe diesbezüglich Zweifel gehegt, als Ihr mir vor einer Stunde eure Aufwartungen machtet. Ich dachte schon, Ihr hättet mein gestriges Erdulden falsch interpretiert.«

Lord Bolton schüttelte den Kopf über ihre Worte.

»Wüsste ich nicht, dass Ihr das so meint, wie Ihr es von euch gebt, ich würde darüber lachen können. Zieht euch aus.«

»Hier? Jetzt?«

»Ja, hier und jetzt.«

»Aber es ist…«

»Es ist mir egal, dass der helllichte Tag eurer Scham im Weg steht. Mir stehen diese alten Vorhänge im Weg, die Ihr euch übergeworfen habt. Könnt Ihr euch bitte um eine anständige Garderobe bemühen?«

»Nur, wenn Ihr euch um Manieren bemüht«, erwiderte Cecilia und streifte sich schicksalsergeben das Kleid von der Schulter.

»Ihr auch«, forderte sie ihn auf.

»Ich auch?«, wiederholte er verwirrt. »Ich auch was?«

»Entkleidet euch auch«, sagte sie und deutete mit dem Kinn auf sein Hemd und seine Hose. »Es ist nicht gerecht, wenn ich mich vor euch entblößen muss und Ihr lediglich euren Hosenbund öffnet.«

»Das Leben ist nicht gerecht«, kommentierte er und tat nichts von dem, was sie von ihm verlangte. Cecilia hörte auf, ihr Kleid abzustreifen. Sie verschränkte ihre Arme vor der Brust und wiederholte ihre Forderung:

»Zieht euch aus.«

Sie sahen sich eine Weile schweigend an, bis Jonathan aufgab, seine Stiefel umständlich öffnete, sein Hemd aufknöpfte und sich der Hose entledigte. Nur die lange Unterhose ließ er an.

Cecilia räusperte sich und deutete auf das letzte Kleidungsstück. Mit einem vorwurfsvollen Blick auf ihr Kleid, zog Jonathan auch die Unterhose aus und blieb nackt und gelassen vor ihr stehen.

Cecilia musste mit der Schamesröte kämpfen. Sie hatte nicht damit gerechnet, dass er sich tatsächlich vor ihr entblößen würde und dabei so entspannt bleiben konnte.

Zu ihrem Bedauern musste sie sich eingestehen, dass er keinen Grund hatte, Scham zu empfinden. Er war in jeder

Hinsicht gut gebaut, hatte lange, wohlgeformte Glieder und war mit dunklen, sich kringelnden Haaren auf Brust und Beinen übersät.

Der Mann war hübsch anzusehen.

»Nun?«, fragte er. Triumph lag in seiner Stimme. Lord Bolton war sich seiner Wirkung mehr als bewusst. »Bekomme ich auch etwas zu sehen?«

In dem Augenblick, in dem Cecilia ihr Kleid erneut über die Schultern streifen wollte, wurde die Scheunentür zur Seite geschoben und zwei laute Männerstimmen erklangen. Sie erstarrte und blickte Jonathan, der sich rasch bückte, mit großen Augen an.

»…die Menge genügt nicht«, sagte eine tiefe, brüchige Stimme und man hörte, wie eine Leiter an den Rand des Zwischenbodens gelehnt wurde. »Wir müssen für den Winter noch mehr herbeischaffen.«

Eilig richtete Cecilia ihr Kleid und sah aus dem Augenwinkel, wie Jonathan sich nackt nach hinten hinter die Ballen schlich, bis sie ihn nicht mehr sehen konnte.

Das obere Ende der Leiter bebte, gleich würde jemand oben ankommen. Gebannt starrte sie auf die Leiter, die mit jedem Schritt leicht zitterte.

»Meine Kleidung«, zischte eine Stimme hinter ihr. Rechtzeitig setzte sie sich mit ihrem weiten Rock auf die Hose, die Schuhe, das Jackett und das Hemd des Lords, als schon der Kopf von Mr. Green zu sehen war. Sobald der Sohn der Haushälterin sie erblickte, erschrak er und wäre beinahe mit der Leiter zusammen umgekippt.

»Jesus, Maria und Joseph, Ihr habt mich aber erschreckt, Lady Bolton. Was macht Ihr in der Scheune seiner Lordschaft?«, fragte er.

Cecilia suchte verlegen nach einer Antwort, während sie einen verräterischen Zipfel der Hose unauffällig unter ihren Rock schob.

»Ruhe! Ich suche Ruhe«, sagte sie schließlich.

»Ruhe vor Lord Bolton?«, fragte der Mann amüsiert. »Oder vor meiner Mutter?«

Er lachte herzlich, stemmte sich auf den Zwischenboden und rief seinem Kameraden einen Befehl zu. Ohne sie weiter zu beachten, packte er einen Strohballen und warf ihn hinunter.

»Der alte Ian und ich brauchen nicht lange, Lady Bolton. Habt nur etwas Geduld. Ich verrate auch nicht, dass Ihr hier seid.« Er nickte ihr zu und schnappte sich den nächste Heuballen. »Wir müssen das alte Heu nach untern verlagern, damit morgen das neue hoch kann. Deshalb solltet Ihr euch morgen lieber ein anders Versteck suchen.«

Cecilia nickte mit einem Lächeln und beobachtete den fleißigen Mann dabei, wie er einen Heuballen nach dem anderen nach unten warf.

Die Ballen wurden weniger und weniger und sie befürchtete schon, dass er gleich den nackten Lord erblicken würde, doch als alle Heuballen nach unten befördert waren, gab es keine Spur von Lord Bolton auf dem Zwischenboden der Scheune. Irgendwie musste er es geschafft haben, sich der peinlichen Situation zu entziehen. Erleichtert atmete Cecilia auf und lächelte breiter zum Abschied.

»Bis später, Lady Bolton. Ich weiß von nichts, wenn man mich nach euch fragt«, sagte Mr. Green gutgelaunt, nickte ihr zu und kletterte gemächlich die Leiter wieder herunter.

Cecilia blickte sich erstaunt um.

Wo steckte Lord Bolton? Abgesehen von den zwei Heuballen, auf denen sie saß, war der Zwischenboden von

Mr. Green leergeräumt worden.

»Lord Bolton?«, rief sie und lauschte. »Jonathan?«

Keine Antwort. Auch nach zwei Minuten tauchte der nackte Lord nicht auf. Cecilia, die langsam Hunger und Appetit auf den angekündigten Apfelkuchen bekam, beschloss nicht länger zu warten.

Was aber mit der Kleidung seiner Lordschaft anstellen? Alles liegen lassen und riskieren, dass die Männer, die morgen wiederkommen wollten, sie vorfanden und unanständige Fragen stellten?

Lieber nicht.

Cecilia rollte den Anzug ein, klemmte sich die Schuhe unter die Arme und kletterte damit die Leiter herunter. Ab und zu rief sie nach dem Lord, bekam jedoch keine Antwort.

Gemächlich und leicht verwundert darüber, wo seine nackte Lordschaft abgeblieben war, kehrte sie zum gemütlichen Landhäuschen zurück, warf die Kleidung in sein Schlafgemach und traf sich in dem kleinen Salon zu Kaffee und Kuchen mit Mrs. Green, die so allerlei Anekdoten zu erzählen hatte. Über das Haus, über die alte Lady Bolton und ihrem gutmütigen Mann und über die Kindheit des Hausherren.

Von Lord Bolton gab es den ganzen Nachmittag über keine Spur.

♠

Ohne Hast kämmte sich Cecilia im Gästezimmer des Cottage vor dem Zubettgehen ihr Haar am kleinen Schminktisch. Sie fühlte sich angenehm ausgeruht und entspannt.

Lag es am guten Essen von Mrs. Green und ihrer

warmen Fürsorge? Lag es daran, dass das kleine Haus so erholsam abgelegen und gemütlich war? Man wollte hier nicht mehr fort, sobald man sich eingerichtet hatte.

Anders als bei Tante Olivia und Onkel Matthew, deren Einrichtung puritanisch-schlicht und das Besteck dafür unnötig teuer war, herrschte hier ein fröhliches Gewusel an kleinen Objekten, getrockneten Blumen und hübschen Landschaftsbildern.

Alles war gemütlich.

Wer auch immer dieses Haus gestaltet hatte, zauberte daraus ein Zuhause, das von Liebe nur so überquoll. Cecilia gefiel es ungemein und sie wünschte sich, sie könnte hier bleiben. Mit Mrs. Green und ihrem fröhlichen Sohn, ganz ohne diesen unhöflichen Lord Bolton. Wenn er heute eventuell bei der Flucht aus der Scheune sich den Hals gebrochen hatte, würde sie diesen Schatz von einem Haus erben und eine glückliche Witwe werden.

Sie wusste sehr wohl, dass es unchristlich und bösartig von ihr war, sich so etwas herbei zu wünschen, doch sie mochte die Idee, eine reiche Witwe zu sein und Ruhe vor Männern und der Welt zu haben. Dann noch einen kleinen Hund und…

Jemand trommelte gegen ihr Fenster und riss sie aus der Träumerei ihr restliches Leben in Frieden und Harmonie zu verbringen. Wieder trommelte es, diesmal ungeduldiger.

Verwundert stand sie auf und öffnete das Fenster. Sie blickte nach unten, in den Garten des Hauses, doch nichts war zu sehen. Als sie schulterzuckend das Fenster wieder verschließen wollte, wurde sie von einer von der Seite kommenden Hand erschreckt, die sich am Rahmen festhielt.

Mit Mühe unterdrückte sie einen Aufschrei, weil sie

Lord Bolton - trotz seiner komischen Aufmachung – auf der Stelle erkannte. Sie wich einen Schritt zurück, sodass er ihr vor die Füße springen konnte.

Er trug eine viel zu weite, mit Löchern versehene Hose und ein dreckiges, langes Hemd. Cecilia musste über ihn lachen. Er sah wie eine unglückliche Vogelscheuche aus. Womöglich war er gezwungen gewesen, völlig nackt und zwischen Feldern herumirrend, eine Vogelscheuche auszurauben.

Hier und da hing noch Stroh an seiner Hose, in seinen Haaren und seine Füße waren dunkel vor Dreck.

»Schön, dass Ihr wohlbehütet und bester Laune seid. Ich habe mir schon Sorgen um euch gemacht«, kommentierte er trocken und verschloss hinter sich das Fenster.

Cecilia musste wieder lachen.

Wüsste sie es nicht besser, würde sie ihn glatt für einen Landstreicher halten, so schrecklich mitgenommen sah er aus.

»Wo wart Ihr?«, fragte sie ihn und setzte sich amüsiert aufs Bett. Sie kämmte ihre langen braunen Haare weiter.

»Weshalb wollt Ihr das wissen? Habt Ihr euch etwa gefragt, wie es mir da draußen nackt ergeht, nachdem Ihr mit meiner Kleidung aus der Scheune verschwunden seid?«

»Nein, ehrlich gesagt, habe ich das nicht. Ich war zu sehr von den Leckereien eurer Haushälterin abgelenkt, um über euch länger nachzudenken als nötig.«

Als sie das sagte, hörte sie seinen Magen knurren. Lord Bolton musste die letzten Stunden gefroren und gehungert haben, was sie amüsierte und ihr leichte Genugtuung verschaffte. Geschah ihm ganz recht, diesem Widerling.

Ohne Cecilia weiter zu beachten, ging Lord Bolton an

ihr vorbei, öffnete die Tür und blickte in den Flur hinaus. Niemand schien sich im Obergeschoss aufzuhalten, was er erleichtert zur Kenntnis nahm. Mrs. Green hantierte in der Küche. Man konnte Geschirr klappern hören, ansonsten blieb es still.

Lord Bolton drehte sich zu Cecilia und sagte:

»Sobald ich wie ein Mensch rieche, beenden wir das, was wir in der Scheune angefangen haben, bevor Ihr mit meiner Kleidung auf und davon seid.«

Cecilia wollte protestieren und den haltlosen Vorwurf nicht auf sich sitzen lassen, doch der Mann hörte ihr nicht zu, schlüpfte aus dem Zimmer und verschwand.

Genervt ließ sie sich zurück ins Bett fallen. Schade um ihre schönen Witwenträume. Kaum hatte sie sich eine rosige Zukunft erdacht, schon war sie wieder zerplatzt.

♠

Jonathan schruppte wütend seine Fußballen und fluchte leise in mehreren Sprachen. Die Frau in seinem Gästezimmer trieb ihn in den Wahnsinn und das nach nur zwei Tagen Ehe. Er ärgerte sich maßlos über sie.

Über sie, und leider auch über sich.

Wie ein dummer Schuljunge hatte er sich dazu überreden lassen, sich vor ihr auszuziehen. Und anstatt auf ihn zu warten und das zu vollenden, weshalb sie überhaupt in der Scheune gewesen waren, hatte sie sich mit seiner Kleidung auf und davon gemacht und ihn nackt zurückgelassen.

Unmöglich. Die Frau war einfach unmöglich.

Dass ausgerechnet Edward mit dem alten Ian das Heu verladen wollte, dafür konnte sie nichts, zugegeben, aber dass sie nicht mal ein paar Minuten warten wollte, bis er wieder vom Dach auf den Zwischenboden zurückgeklettert war, dafür konnte sie etwas.

Sicher hatte sie sich bei der Vorstellung, wie er den halben Tag geduckt vom Feld zu Feld laufen musste, den Bauern und Mägden ausweichend, boshaft ins Fäustchen gekichert. Er hatte mehr als zwei Stunden gebraucht, bis er eine Vogelscheuche finden konnte, deren Kleidung noch tragbar waren. Währenddessen hatte sich dieser Satansbraten am Apfelkuchen seiner Haushälterin gelabt und es sich gutgehen lassen.

Er musste in der Zeit hungrig und frierend die Dämmerung abwarten, um sich an dem Pflanzengitter hoch in ihr Zimmer schleichen zu können, weil Mrs. Green im Erdgeschoss hantierte und auf gar keinen Fall etwas davon mitbekommen durfte. Die alte Frau würde ja sonst was von ihm denken.

Je länger Jonathan an den verstrichenen Tag zurück dachte, desto wütender wurde er auf Cecilia. Sie tat alles, um sein Leben zur Hölle zur machen. Aufgebracht warf er die Kernseife in die Ecke und zog sich das frische Hemd über.

Er wusste nicht, was er in diesem Moment lieber mit ihr tun sollte:

Sie erwürgen oder so schnell wie möglich schwängern und nach der Geburt ins Exil schicken? Der erste Gedanke erschien ihm am attraktivsten, denn auf diese Weise wäre er sie wirklich los.

Leise, um nicht Mrs. Green zu wecken, die mittlerweile in ihrer kleinen Kammer neben der Küche schlief, schlich Lord Bolton nach oben. Er würde spontan entscheiden müssen, was er mit ihr tat.

Vor ihrer Tür blieb er stehen - darum bemüht, seinen Puls zu beruhigen und nicht völlig kopflos ins Zimmer zu stürmen -, griff nach dem Knauf, drehte ihn um und drückte gegen die Tür.

Sie ließ sich nicht öffnen.

Cecilia hatte sie von innen verschlossen. Sein soeben beruhigter Puls stieg wieder. Er rüttelte an der Tür. Nichts passierte. Schließlich klopfte er leise und hoffte, sie würde reagieren, sodass es ihm erspart bliebe, die Tür einzuschlagen.

Wonach ihm gerade war, wohlbemerkt.

»Geht weg«, hörte er sie hinter der Tür flüstern.

»Nein. Auf gar keinen Fall. Wir haben eine Abmachung!«

»Mir ist aber gerade nicht nach unserer Abmachung.«

»Glaubt mir, wenn ich die Wahl hätte, ich würde mich auch lieber mit einem langweiligen Reisebericht zurückziehen, als mich mit euch abzugeben, doch ich habe keine«, zischte er zurück und fügte hinzu: »Und Ihr auch nicht.«

Sie erwiderte nichts.

Gebannt lauschte er, ob hinter der Tür etwas passierte. Nach wenigen Sekunden wurde der Schlüssel umgedreht, die Tür ging auf und er schlüpfte rasch ins Zimmer.

»Macht, aber schnell, ich bin erschöpft«, sagte sie und blies, bevor er sich orientieren konnte, das Licht der Öllampe aus. Er hörte, wie sie sich zum Bett tastete und die Decke zurückschlug.

»Tut mir leid, das zu hören. Seid Ihr etwa auch den ganzen Tag nackt auf den Feldern herumgeirrt?«, fragte er sie spöttisch und öffnete seine Hose. Anstatt ihm zu antworten, stöhnte sie über seine Frage und rutschte, als er sich auf das Bett setzte, zur Seite. Sie tat wirklich alles, um ihn in Rage zu bringen.

Jonathan beschloss sie schlicht und einfach zu

ignorieren. Von vornherein war es sein Fehler gewesen, sich auf sie und ihren Vorschlag einzulassen. Ihre Begegnung in der Ballnacht hätte ihm bereits eine Lehre sein müssen.

Jonathan tastete sich voran, berührte ihren festen Oberschenkel, zog das Nachthemd hoch und legte sich zwischen ihre Beine. Mit einem Ruck brachte er ihre Hüfte näher und drang in sie ein. Zu seiner Überraschung ließ sie es mit sich machen. Er hatte gedacht, er müsste entweder sie oder sich selbst abfüllen, um so weit zu kommen, doch der Tag schien auch sie mürbe gemacht zu haben.

Langsam begann er sich vor und zurück zu bewegen. Es dauerte seine Zeit, bis er einen Rhythmus fand, der nicht so viel Lärm verursachte, sodass man die Schläge des Bettes an die Wand nicht im ganzen Haus hörte.

Sie stöhnte auf.

Das brachte ihn aus dem Takt.

Er hatte mit allem gerechnet, nur nicht mit einem lustvollen Stöhnen. Und dass das ein lustvolles Stöhnen war, stand außer Frage. Er kannte sich damit hinreichend aus. Jonathan umklammerte ihre Hüfte fester und suchte seinen Takt, als Cecilia sich ihm entgegen wölbte. Es schien ihr zugefallen, was ihn wiederum anstachelte sich mehr Mühe zugeben.

Er zog ihr mit einer Hand das Nachthemd aus und fuhr mit der gleichen Hand ihren Hals entlang, über die festen, mit jedem Stoß mitwippenden Brüste und dem flachen Bauch. Bis er wieder ihre Hüfte umfasste und den Rhythmus verschärfte.

Wieder lockte das ein Stöhnen hervor.

Es wäre ein Leichtes für ihn, zu kommen, dachte sich Jonathan, wollte es zu seinem eigenen Erstaunen dennoch hinauszögern. Nur zu gern würde er einen oder zwei Laute der Lust aus diesem spröden Ast entlocken.

Etwas, was ihm in dieser Nacht noch mehrfach gelingen sollte.

Ende der Zweisamkeit

Zufrieden, mit einem kleinen Lächeln im Gesicht, wachte Cecilia am nächsten Morgen auf und erfreute sich des blauen Himmels und dem Vogelgezwitscher vor ihrem Fenster. Sie vermochte nicht zusagen, warum sie bester Laune war. An den schönen Traum, den sie geträumt haben musste, konnte sie sich nicht erinnern. Nur das Gefühl von Gelassenheit blieb als Echo zurück.

Fröhlich schlug sie ihre Decke zur Seite, erhob sich und ging ans Fenster, um auf den farbenfrohen, vom Herbst überzogenen Garten zu blicken. Das Laub, die teils verwelkten Blumen und die bald kahlen Äste strahlten eine melancholisch-vergängliche Atmosphäre aus, die sie berührte. Sie mochte den Tag, dabei empfand sie zur Zeit nichts, was ihr wahrhaftig Freude bereiten konnte.

Ohne Hast und Zwang zog Cecilia sich an. Sie ignorierte die peinliche Hässlichkeit des Kleides, machte sich einen schlichten Zopf, den sie den Rücken herunter fallen ließ und steckte sich eine Rose, aus einen der vielen getrockneten Sträuchern im Haus, hinters Ohr. Sie hatte Tante Olivia geschrieben, dass sie ihre Kleidung benötigte, und wie erwartet einen langen Klagebrief als Antwort bekommen, statt der Kleider, die sie nachgeschickt haben wollte. Sie musste wohl oder übel Katrin darum bitten, sich um ihre Garderobe zu kümmern.

Cecilia verspürte zu ihrer eigenen Verwunderung einen großen Hunger und das nicht nur nach dem guten Essen der Haushälterin. Sie verspürte im Allgemeinen Appetit auf alles.

Mit einem Lächeln ging sie beschwingt die Treppe herunter und blieb nach zwei Stufen stehen, als sie eilige Schritte von Draußen vernahm, die auf die Eingangstür zu hasteten. Hastig faste sie sich in die Haare und glättete ihren Rock, weil sie glaubte, es könnte Lord Bolton sein.

Die Tür wurde aufgestoßen und ein junger Mann betrat, beladen mit einem großen Koffer und einer Reisetasche, das Haus. Er musste den Weg vom Feld hierher gelaufen sein, für Kutschen gab es nicht genug Platz, um bis zum Tor zu gelangen.

»Jonathan?«, rief Alfred mit hoher Stimme und ließ sein Gepäck fallen. »Jonathan?«

Cecilia ging die zwei Stufen wieder zurück und verbarg sich hinter dem Geländer der Treppe. Die Morgenstunde war zu schön, um sie sich von einem Dichter ruinieren zu lassen. Besonders von einem, der so schlecht dichtete, dass er es nicht realisierte.

Wenn Alfred Johnson hier war, wo befand sich dann Katrin? Cecilia erwartete, ihre Cousine jeden Moment durch die Tür eilen zu sehen.

»Jonathan?«, rief der junge Mann verzweifelt und rührte

sich nicht von der Schwelle, bis man ihm antwortete.

»Ich komme«, kam es aus dem Garten und keine Sekunde später betrat der Hausherr den Eingangsbereich. »Alfred, was machst du denn hier? Ist etwas Schlimmes passiert?«, fragte Lord Bolton überrascht und sichtlich überrumpelt von dem unangekündigten Besuch seines Freundes.

»Ist etwas passiert, fragst du mich? Ist etwas passiert?« Der Dichter ergriff panisch die zur Begrüßung dargereichte Hand und umklammerte sie wie ein Ertrinkender. »Mein Leben ist eine Katastrophe. Meine Ehe ist eine Katastrophe. Meine Frau ist eine Katastrophe. Ich möchte sterben.«

»Na, na, na. Darüber haben wir schon einmal gesprochen. Gestorben wird nicht, erst recht nicht, wenn man begabt ist und der Welt noch viel zu geben hat. Das wäre verantwortungslos«, sagte Lord Bolton streng und legte fürsorglich einen Arm um seinen Freund.

»Verantwortungslos?« Alfred lachte bitter. »Verantwortungslos wäre es, weiterhin mit dieser Frau verheiratet zu bleiben. Seit sie in meiner Nähe ist, habe ich kein einziges Gedicht geschrieben. Keins. Nicht einen Vers!«

Die aufgeregte, weinerliche Stimme des Dichters wurde leiser. Jonathan lotste ihn mit tröstenden Worten in den Salon und schloss die Tür.

Vorsichtig und leise schlich Cecilia auf Zehenspitzen die Treppe herunter und erblickte Mrs. Green, die um die Ecke linste. Die Haushälterin bedeutete ihr leise zu sein und winkte sie zu sich heran. Gemeinsam gingen sie in das angrenzende Zimmer. Ein unbenutzter, kleiner Raum mit Schreibtisch und Sessel. Ohne ein Wort zu sagen, ging Mrs. Green auf den Sessel zu und schob ihn leise zur

Seite. Hinter dem Sessel befand sich ein kleines Metallgitter an der Wand, das der Belüftung des Hauses diente und die Frauen in die Lage versetzte, jedes im Nebenzimmer gesprochene Wort zu verstehen als wären sie mit im Raum.

Cecilia kicherte, als sie begriff, warum sie hier waren und nahm sich beherzt die Kekse, die Mrs. Green ihr aus einer Dose reichte. Gebannt lauschte sie zusammen mit der Haushälterin, was sich in den drei Tagen Ehe zwischen Alfred und Katrin zugetragen hatte.

So einiges.

♠

Aufgeregt hin- und herlaufend berichtete Alfred von seinen Briefen an eine Lady Jane und sprach dabei schneller, als er es sonst zu tun pflegte.

Mrs. Green blickte Cecilia fragend an, doch die kannte keine Lady Jane und zuckte mit den Achseln, was die alte Frau hinnahm.

Der Dichter ließ keine Zeit verstreichen, ging nicht auf die Frage nach der Bequemlichkeit seiner Reise ein, sondern erzählte seinem Freund geradeheraus, wie schlimm es um sein Gefühlsleben stand und wie viel Schuld Katrin daran trug.

Alfred gestand Jonathan, nachdem man ihn mit Cecilias Cousine im Garten küssend überführt hatte, Lady Jane täglich ein Dutzend Briefe geschrieben zu haben, um ihr zu versichern, dass sein Fehltritt mit Katrin nichts weiter, als ein Missverständnis war, weil er angenommen hatte, Katrin wäre die besagte Lady Jane.

Hätte er sich nicht in der Person geirrt, er hätte eine ihm völlig unbekannte Frau nie und nimmer geküsst. Nur

Lady Jane allein galt seine Liebe.

So seine Worte.

Jonathan kommentierte diese Vorgehensweise trocken, er könnte sich vorstellen, dass Lady Jane das eventuell nicht wissen wollte und er, Alfred, hätte sie womöglich mit seinen Briefen in Verlegenheit gebracht.

Cecilia und Mrs. Green nickten zustimmend und verspeisten weiter Kekse.

Alfred widersprach Jonathan vehement. Seiner Ansicht nach hatte er das einzig richtige getan – damit meinte er die Briefe an Lady Jane - und bereute es im Nachhinein, auf Jonathan gehört und Katrin geheiratet zu haben. Aus diesem Grund würde Lady Jane plötzlich leugnen Alfred zu kennen.

»Kannst Du dir das vorstellen?«, fragte er Lord Bolton so aufgebracht, dass man ihn im ganzen Haus hören konnte. »Sie schrieb mir nach meinem ersten Brief, sie wisse nicht, wer ich sei.«

»Sprich leiser!«, ermahnte ihn Lord Bolton. »Und ja, kann ich mir sogar sehr gut vorstellen. Denk an den Skandal, den Du und sie verursachen würdet, wenn jemand tatsächlich glauben würde, sie hätte nach dir im Garten gesucht. Was sie ja nicht tat, weil sie bis vor kurzem wahrscheinlich nicht einmal wusste, dass Du existierst.«

Alfred überging den Einwand seines Freundes und leugnete einen möglichen Skandal. Er wollte nicht an einen Skandal denken. Der Skandal war ihm egal. Was ihm nicht egal war, war Lady Jane, die er nicht mehr heiraten konnte, weil er mit dieser anderen jungen Dame und Nervensäge Katrin Collins verheiratet war. Ein Umstand, der ihn in den Selbstmord treiben würde, wäre da nicht seine Liebe für Lady Jane.

157

Lord Bolton, der es - nach den Geräuschen zu urteilen - sich in einem Sessel bequemer machte, fragte, was die junge Dame und Nervensäge Katrin getan hätte, um Selbstmordgedanken bei einem Mann im besten Alter und glorreicher Zukunft auszulösen.

»Alles, was man als junge, wohlerzogene Dame nicht tun sollte, hat sie getan«, erwiderte Alfred.

»Und das wäre?«, fragte sein Freund geduldig.

Katrin Collins - seit drei Tagen Mrs. Alfred Johnson - wurde von einem ungesunden körperlichen Verlangen getrieben, das Alfred daran hinderte auch nur ein Wort aufs Papier zu bringen. Sie saugte ihn mit ihren Bedürfnissen regelrecht aus und nehme ihm die Kraft zum Schreiben.

Mrs. Green sah Cecilia mit großen Augen an, während sie sich alle Mühe gab, nicht zu lachen. Cecilia verschluckte sich an einem Keks und hustete, sodass die alte Frau ihr helfend auf den Rücken klopfen musste.

»Ständig will sie von mir angefasst werden. Sie hält sich in meinem Zimmer auf und will in meinem Bett schlafen. Kein Tag vergeht, wo ich ihr nicht ein Gedicht über sie vortragen muss. Dabei musste ich mir mit alten Gedichten behelfen, die ich anderen, lieblicheren und zurückhaltenden Damen eins gewidmet habe. Damen, die nicht so sind wie Katrin. Katrin ist nicht zurückhaltend. Nicht ein bisschen. Sie ist animalisch.«

Das Wort *animalisch* sprach der junge Dichter wie ein Schimpfwort aus. Cecilia und Mrs. Greens Augen wurden noch größer. Was spielte sich in dieser Beziehung ab? Wenn man den jungen Mann glauben schenken wollte, dann besprang und bedrängte seine Frau ihn wie ein Tier.

Alfred verstummte plötzlich und nur noch Schritte waren zu hören. Es herrschte für lange Zeit Ruhe, bis sich

Lord Bolton räusperte und gelassen fragte:

»Kann es sein, dass dich junge Damen lediglich aus der Ferne inspirieren und Du mit Frauen, die wahrhaftig sind und mit dir intimen Umgang pflegen, nichts anzufangen weißt? Die mangelnde Inspiration könnte daher kommen, dass dein Objekt der Begierde nicht mehr Objekt ist, sondern deine Frau und damit nicht mehr die Muse, die Du noch wenige Tage vor der Hochzeit in ihr zu finden erhofftest? Immerhin warst Du vor der Trauung meinem Ratschlag gegenüber, das Richtige zu tun, nicht abgeneigt. Womöglich wäre das, was eingetreten ist, dir auch mit Lady Jane passiert. Vorausgesetzt sie hätte herausgefunden, wer Du bist und hätte dein Werben erhört.«

Mrs. Green nickte zu den Worten des Lords und entfernte Kekskrümel von ihrem Rock.

»Niemals!«, widersprach Alfred entschieden. »Auf gar keinen Fall! Lady Jane ist eine wahre Dame und würde sich nicht das herausnehmen, was sich diese Person herausnimmt. Nein, nein, nein!«

»Darf ich fragen - selbst, wenn ich mich vor der Antwort fürchte – was sich deine Frau so Schreckliches erlaubt hat?«, wollte der Lord wissen und änderte seine Sitzposition, so dass der Sessel auf den Boden quietschte.

»Zu viel! Sie hat sich zu viel angemaßt«, verkündete Alfred und ließ sich endlich mit einem lauten Plumpsen nieder, um zu erzählen.

Cecilia und Mrs. Green beugten sich noch weiter vor.

Katrin, die dem armen Dichter nicht von der Seite weichen wollte, wurde nach zwei Tagen misstrauisch und fragte sich und ihn, wem ihr Mann so viele Briefe schreiben würde. Er hatte sich bis dahin herausreden können, indem er behauptete, er würde über sie schreiben, konnte jedoch nach mehrfacher Aufforderung nichts vorweisen, was sie stutzig und misstrauisch ihm gegenüber stimmte. Als viele Briefe ungeöffnet von Lady Jane zurückgesendet wurden, nahm Katrin die Umschläge an sich, öffnete jeden einzelnen und las den Inhalt, während Alfred nichts ahnend schlief. Aufgedreht und verweint, kippte sie ihm einen Eimer kaltes Wasser über den Kopf, warf Alfred vor, er würde sie nicht lieben und verlangte von ihm allen Ernstes Lady Jane aufzugeben.

»Eine verständliche Bitte«, kommentierte Jonathan. »Immerhin bist Du ihr Ehemann. Geistige und körperliche Treue ist das, was ihr zusteht.«

»Pah, tu auf einmal nicht so pflichtbewusst. Warst Du nicht eine Nacht vor deiner Hochzeit bei dieser Daisy so und so und hast dich von ihr nach allen Regeln der Kunst verwöhnen lassen, bevor Du Katrins Cousine zur Frau nehmen musstest? Willst Du mir sagen, dass Du in Zukunft auf solche Art Vergnügen verzichten wirst, weil Du verheiratet bist und nun einer einzigen Frau treu ergeben?«

Cecilia erstarrte, als sie das hörte. Nicht, weil sie geglaubt hätte, Lord Bolton wäre jemand mit Ehre und Anstand. Nein, sie hatte von ihm genau das erwartet, was Alfred ohne Scham hinausposaunte. Peinlich war es ihr vor Mrs. Green, die bei den Worten des Dichters rot anlief und sich nun ihrerseits an den Keksen verschluckte.

»Das habe ich nicht!«, antwortete Jonathan laut und flüsterte Alfred zu, dass diese Wände Ohren hätten und er sollte aufpassen, was er da sagte. Alfred schien das nicht zu interessieren, er fuhr mit seiner eigenen Leidensgeschichte fort:

»...ich habe mich natürlich geweigert Lady Jane aufzugeben. Wie sollte ich auch? Sie ist mein Herz. Sie aus meinem Leben zu verbannen, würde bedeuten, mir das Herz aus der Brust zu reißen und ohne dieses weiterzuleben.«

»Und das hast Du der jungen Mrs. Alfred Johnson gesagt?«, vergewisserte sich Lord Bolton.

»Wort für Wort.«

»Darf ich fragen, wie sie darauf reagierte?«

»Wie wohl? Wie ein eifersüchtiges, albernes Huhn hat sie darauf reagiert. Sie verlangte, dass ich mein Herz ihr gebe, weil sie glaubt, sie hätte Anspruch darauf. Und zwar - das ist ja der Witz -, weil sie mir das ihre hinterhergeworfen habe.«

»Und? Hat sie deswegen keinen Anspruch?«

»Nein, natürlich nicht.« Alfred lachte über die Frage. »Eine Frau hat auf ihr Herz zu achten, wie auf ein kleines scheues Vögelchen. Wenn man es weg gibt, dann fliegt es davon und kommt nicht wieder. Lady Jane lässt ihr Herz nicht aus dem kleinen Käfig ihrer Brust, bis sich jemand seiner würdig erweist. Jemand wie ich. Katrin ist selbst schuld, dass sie die Käfigtür sperrangelweit offen ließ.«

Cecilia konnte das, was sie da hörte, nicht glauben! Waren das die Worte eines sensiblen Dichters, der die Liebe täglich preiste? Nein! Das waren die Worte eines Schuftes. Nichts weiter als Doppelmoral, die sie erzürnte.

Alfred hatte die Liebe ihrer naiven Cousine nicht verdient und es machte sie wütend, wie er über Katrin sprach. Am liebsten wäre sie ins Nebenzimmer gelaufen und hätte ebenfalls einen Eimer kaltes Wasser über ihn ausgeschüttet.

»Was ist mit deinem Herzkäfig? Hast Du ihn nicht auch permanent offen?«, fragte Lord Bolton spöttisch. »Seit ich dich kenne - und das tue ich bereits über viele lange Jahre - war die Tür nie zu und dein Vögelchen flog von einer

161

unbekannten Dame zur nächsten.«

»Das ist etwas anderes. Ich bin Dichter«, klärte ihn Alfred auf.

Mrs. Green verdrehte bei seinen Worten die Augen und schüttelte den Kopf. Sie und Cecilia tauschten einen langen Blick.

»Verstehe. Lassen wir das lieber, ich möchte es nicht hinterfragen, ich fürchte mich auch hier vor den Details, was das Dichterdasein alles ausmacht. Warum bist Du hier?«, fragte ihn Lord Bolton stattdessen.

»Weil ich meine Freiheit brauche. Ich kann nicht dichten, wenn sie mir so nah ist. Ich kann nicht Schwärmen, wenn sie neben mir steht und mich beobachtet. Wie soll ich mich von der Natur und der weiblichen Grazie inspirieren lassen, wenn sie ständig redet, fordert und mich berührt?«

»So sind Frauen nun einmal, wenn man sie nicht mehr aus der Ferne betrachtet. Sie sind Menschen, wie Du und ich. Deswegen habe ich solange nicht geheiratet. Du könntest über etwas anderes dichten als über Natur, Liebe und diese weibliche Grazie, von der du ständig sprichst. Über die Ehe zum Beispiel.«

Alfred lachte laut auf.

»Kennst Du Gedichte über die Ehe?«

»Nein«, erwiderte Lord Bolton. »Nicht besonders viele, zugegeben.«

»Ich auch nicht. Man dichtet nicht über die Ehe. Die Ehe ignoriert man. Sie ist nur dafür da, um Erben zu zeugen. Mehr nicht. Die Liebe, über die dichtet man.«

Wieder herrschte Ruhe, bis der Lord fragte:

»Was hättest Du getan, wenn Lady Jane deinem Werben nachgegeben und dich geehelicht hätte?«

»Ich hätte mich zu den glücklichsten Männern dieser

Welt gezählt.«

»Selbst, wenn Du nicht mehr über sie dichten könntest, so nah, wie sie dir dann wäre?«

»Selbst dann«, bestätigte Alfred hingebungsvoll.

»Aber Du kennst sie nicht, weißt nichts über ihre Vorlieben. Vielleicht ähnelt sie Katrin. Kein einziges Wort haben Lady Jane und Du bisher miteinander gewechselt.«

Alfred lachte und erwiderte:

»Das war ja das Gute an unserer Beziehung.«

♠

Jonathan trank seinen Wein und beobachtete aus dem Augenwinkel Cecilia, die gelangweilt in ihrem Abendessen herumstocherte. Sie hörte Alfred nur mäßig begeistert zu und war mehr in ihren eigenen Gedanken vertieft, als an den Worten seines Freundes interessiert. Lyrik schien sie kalt zulassen.

Alfreds plötzliches Auftauchen ärgerte Lord Bolton. Selbstverständlich stand seine Tür für den sensiblen, von der Umwelt missverstandenen jungen Dichter stets offen, doch heute hätte er seine Zeit lieber seiner ihm vom Schicksal aufgezwungenen Frau gewidmet, die ihn im Moment mehr interessierte, als die Ansichten seines Freundes zu Birken.

»Besonders in der Malerei sind Birken stimmungsfördernd. Schon eine einzige Birke verleiht einem Landschaftsbild eine tiefsinnige Aura«, sagte Alfred und nickte dabei bekräftigend zu seinen eigenen Worten.

»Schmeckt euch das Lamm nicht, Cecilia?«, fragte Jonathan und unterbrach den Monolog seines Freundes.

»Doch, doch. Es ist köstlich.«

»Warum esst Ihr es nicht auf?«

»Ich hatte heute zu viele Kekse, die haben mir den Appetit für den Rest des Tages genommen«, erwiderte sie und blickte ihm dabei fest in die Augen.

Jonathan ahnte, dass es nicht die Plätzchen waren, die sie so verdrießlich gestimmt haben mussten. Zum wiederholten Male fragte er sich, wie viel sie von seinem Gespräch mit Alfred mitbekommen haben konnte und was sie nun über ihn dachte. Wahrscheinlich nichts Gutes. Jedenfalls noch schlechter als zuvor.

Zum Teufel, was interessierte es ihn, was sie über ihn dachte? Jonathan mied ihren strengen Blick und richtete seine Worte an Alfred.

»Wie lange gedenkst Du zu bleiben, mein Freund? Ich muss gestehen, dass dieses kleine Haus für mehr als einen Besucher nicht konzipiert wurde. Es gibt nur ein Gästezimmer und...«

»Erwartest du noch jemanden?«, fragte Alfred überrascht.

»Nein.«

»Dann bin ich der einzige Gast?«

»Ich denke ja.«

»Dann bleibe ich solange Du mich erträgst, lieber Freund. Bis meine Dichtkunst sich von...nun, sich erholen konnte«, sagte Alfred, beugte sich über den Tisch und klopfte Jonathan dankend auf die Schulter.

Lord Bolton stöhnte innerlich auf.

Das war nicht das, was er mit seiner Frage beabsichtigt hatte. Sein Blick kreuzte erneut den von Cecilia, die ihn vorwurfsvoll und wütend ansah. Nun ging sie davon aus, Alfred würde das Gästezimmer beziehen, in das er sie einquartiert hatte und sie müsste zu ihm, was sie ohne Zweifel nicht wollte.

»Und die arme Katrin?«, fragte Cecilia. »Ist sie allein in

eurer Wohnung? Ahnungslos über euren Verbleib und in Sorge um euer Wohlergehen?«

Alfred zuckte mit den Schultern und aß mit Appetit und Genuss sein Lamm.

»Sie sagte, ich sollte ihr aus den Augen gehen. Das waren ihre Worte. Ich habe nur getan, was sie von mir verlangte.«

♠

»Ich fasse es nicht, dass Ihr ihn darin auch noch bestärkt habt!«, warf Cecilia Jonathan vor und lief dabei wütend vor dem Bett auf und ab.

Lord Bolton lag auf ein Kissen gestützt und beobachtete sie dabei, wie sie im Nachthemd herumstolzierte, ihre Haare kämmte und sich über ihn echauffierte. Ihr Körperformen zeichneten sich unter dem Stoff ab und machten es ihm schwer, ihr zu zuhören.

»Hört Ihr mir überhaupt zu?«, fragte sie und blieb stehen.

»Nein«, sagte er und fing die Haarbürste knapp vor seinem Gesicht auf, die sie nach ihm warf.

»Was soll ich machen?«, fragte er und reichte ihr die Bürste zurück, damit sie ihre Haare zu Ende kämmen konnte. »Alfred hat noch nie auf mich gehört.«

»Ihr hört mir also doch zu, Ihr Lügner.« Sie blickte wütend über die Schulter, setzte sich an seinen Sekretär und betrachtete ihr Gesicht in einem kleinen Rasierspiegel. »Ich würde auch nicht auf euch hören. Das liegt jedoch daran, dass ich so etwas wie Vernunft mein Eigen nennen darf. Eine nützliche Eigenschaft, die eurem Freund offensichtlich abhandengekommen ist«, sagte sie selbstgefällig und legte die Bürste beiseite.

»Ich wünschte, ich könnte euch, was eure Vernunft anbetrifft, zustimmen, doch dann müsstet Ihr mich wieder Lügner nennen.« Bei den Worten ging er in Deckung, weil er wieder mit der Bürste rechnete, doch sie lachte nur, pustete die Lampe aus und erhob sich in der Dunkelheit vom Stuhl.

»Ich habe heute Mittag Katrin geschrieben«, verkündete Cecilia. Vorsichtig kam sie auf ihn zu, sich im dunkeln Zimmer vorantastend.

»Ihr habt was?«

»Ich habe meiner Cousine geschrieben. Einen Brief.«

»Warum habt Ihr das gemacht?«, fragte er und sog den Fliederduft ein, den ihre Haare versprühten, als sie ihren Kopf neben sein Kissen bettete.

»Sie ist meine Cousine und man schreibt sich. Das gehört sich so.«

»Was habt Ihr in den Brief, der sich so gehört, hineingeschrieben?«, fragte Jonathan und sog die Luft weiter ein, um noch mehr von dem Duft zu ergattern.

»Nichts Wichtiges. Ein paar Zeilen über das Wetter. Ich habe das Rezept des Apfelkuchens von Mrs. Green beigelegt, damit ihre Köchin, wenn sie eines Tages eine haben wird, es nachbacken kann.« Sie machte eine Pause, holte tief Luft und verkündete trotzig: »Und dass ihr Mann sich hier bei uns aufhält.«

Jonathan stöhnte laut. Er hatte es geahnt. Sie hatte nicht das Recht dazu, sich in die Ehe seines Freundes einzumischen.

»Ihr solltet euch lieber aus dem Streit heraushalten. Verfallt nicht in den Irrglauben, man könnte sinnvoll zwischen den Parteien vermitteln.«

»Aber Ihr durftet euch heute Morgen als großer Berater aufspielen? Was versteht Ihr schon von der Ehe? Die eine, die Ihr führt, ist die reinste Katastrophe. Ich kann das beurteilen, Ihr führt sie ja schließlich mit mir.«

»Ich weiß, deswegen, Darling, ist diese Ehe ja so eine Katastrophe«, erwiderte er.

Sie lachte und zog sich die Decke bis zum Kinn hoch.

»Unsere Ehe wäre gelungener, wenn Ihr nicht ein Teil davon wärt«, kam es unter der Decke hervor.

Diesmal war es an ihm zu lachen. Bevor sie noch etwas sagen konnte, rollte er sich zu ihr, legte seinen Finger auf ihre Lippen und flüsterte:

»Genug. Je mehr Ihr redet, desto schwerer wird es für mich, dass zu tun, was ich tun muss.«

Sie prustete unter seinem Finger und rieb ihren Oberschenkel an sein stehendes und pochendes Glied.

»Ihr seid ein sehr schlechter Lügner, eure Lordschaft«.

Leidenschaft, die Leiden schafft

Alfred spazierte verträumt zwischen den Bäumen des Gartens und war für die nächsten Stunden nicht ansprechbar. Jonathan beobachtete ihn vom Salonfenster aus und grübelte, wie er seinen Freund dazu bringen konnte, sich wieder mit seiner Frau auszusöhnen und nach London abzureisen. Am besten heute noch und ohne viel Drama und Geschrei.

Nicht, dass er Alfred nicht bei sich haben wollte. Er mochte seinen Freund und dessen romantische Sicht auf die Welt. Auch wenn er sich bei den meisten Gedichten das Lachen verkneifen musste, genoss er die Freiheit des jungen Mannes, sich seinen Gefühlen hinzugeben. In den Worten lag viel Lust am Leben und das imponierte Jonathan, der sich oft vom Leben isoliert und gelangweilt fühlte. Im Moment jedoch wollte er seine freie Zeit mit einem anderen Menschen verbringen und Alfred kam ihm schrecklich ungelegen.

Selbstverständlich wollte er mit Cecilia wieder allein sein, um sich an ihre gemeinsame Vereinbarung halten zu können und so schnell wie möglich einen Erben zu zeugen.

Das redete Jonathan sich jedenfalls ein und blickte zur Seite. Seine, vom Schicksal auferlegte und unwillige Frau, saß mit Mrs. Green im Salon und diskutierte über Stoff, Spitze und Schnitte. Ein langweiliges Thema, an dem er sich nicht beteiligen wollte.

Das Kleid, was sie trug, beleidigte seine Augen, doch zum Glück würde heute ihre eigene Garderobe eintreffen und mit ihr die Cousine.

Katrin Johnson.

Das andere angeheiratete Ärgernis in seinem Leben, dachte Jonathan, drehte den Frauen den Rücken zu und blickte wieder aus dem Fenster in den Garten hinaus. Alfreds Frau befand sich auf den Weg hierher und könnte jeden Moment eintrudeln. Und mit ihr die nächste Episode der Tragödie, in die sie sich alle an einer Ballnacht verlaufen hatten. Sein Freund ahnte nichts von der drohenden Gefahr und dichtete selbstvergessen im Garten Verse über seine Lady Jane.

Lady Jane.

Noch so eine Dame, deren Existenz ein Ärgernis für Lord Bolton darstellte. Aber eins, für das sie nichts konnte. Sie ahnte ja nichts von den Gefühlen eines jungen Dichters und ihre Auswirkungen auf seine gesamte Umwelt.

Jonathan hatte sich furchtbar darüber gegrämt, ausgerechnet die alte Jungfer heiraten zu müssen, während sein Freund die heißblütige Cousine mit kleinem Erbe abbekam. Mit Distanz und Zeit flaute nach und nach sein Ärger ab und Erleichterung machte sich breit. Erleichterung darüber, dass er es hätte sichtlich schlechter treffen können.

Seine alte Jungfer schien tatsächlich hin und wieder an einem Anfall von Vernunft zu leiden und besaß Humor. Eine Eigenschaft, die ihn ungemein amüsierte. Frauen mit Humor konnte er an einer Hand abzählen und müsste die meisten Finger nicht einmal bemühen.

Lord Bolton hörte, wie Edwards Wagen vor die Eingangstür fuhr. Die Ankunft der ungewollten Überraschung riss ihn endgültig aus seiner Grübelei. Er drehte sich vom Fenster weg und ging nach draußen. Aus dem Augenwinkel sah er, dass auch Mrs. Green und Cecilia ihm folgten.

Man hörte die glockenhelle Stimme der Cousine bevor man sie sah. Mit einem tiefen Atemzug öffnete er die beschlagene Holztür und erblickte den kleinen, mit Koffern vollbeladenen Wagen und den neuen Gast darauf.

Für eine Kutsche war der Weg zum Haus zu eng, also musste man Gäste und Ware vor dem Feld abladen und gesondert zum Gut transportieren.

Das machte diesen Ort so reizvoll. Seine Unpassierbarkeit und Abgeschiedenheit. Jonathan spielte mit dem Gedanken noch mehr Bäume um das Haus zu pflanzen und es gänzlich unzugänglich zu machen. Auf diese Weise könnte er selbst vor engen Freunden seine Ruhe haben und solche Situationen zukünftig vermeiden.

Mrs. Katrin Johnson ließ sich von Edward herunter helfen. Sobald ihre kleinen Füße den Boden berührten, lief sie mit Tränen in den Augen auf ihre Cousine zu und schluchzte herzzerreißend auf.

Armer Alfred, dachte sich Jonathan bei dem Anblick, er musste nun die geliebte Lyrik um seine Herzensdame sein lassen und sich um seine ihm nachgereisten Eheprobleme kümmern.

♠

Cecilia, Mrs. Green und Lord Bolton zuckten zusammen, als ein zerbrechlicher Gegenstand gegen die Wand knallte, hinter der sie sich befanden, und zu Boden ging. Gebannt saßen sie zu dritt im Raum gegenüber und lauschten dem Streit im Salon, die leckeren Nachmittagskekse von Mrs. Green verspeisend.

»Menschen mit fremdem Eigentum zu bewerfen, liegt bei euch in der Familie«, flüsterte Jonathan in Cecilias Richtung und fragte sich gleichzeitig, welcher Schatz seiner Mutter wohl Katrin zum Opfer gefallen war.

»Pst«, machten Mrs. Green und Cecilia und beugten sich noch näher zum Gitter, um bloß nichts zu verpassen.

»Ein feiger Hund seid Ihr, nichts anderes!«, schrie Katrin. »Mich einfach allein zu lassen, um euch hinter eurem Lord zu verkriechen…«

»Ihr wolltet doch allein sein. Ihr habt gesagt, ich soll gehen. Mehrfach«, fiel ihr Alfred ins Wort.

»Ja, weil ich wollte, dass Ihr bleibt!«

»Das ergibt doch keinen Sinn. Warum verlangt Ihr von mir zu gehen, wenn Ihr wollt, dass ich bleibe?«

Jonathan nickte, weil er, wie sein Freund, sich keinen Reim aus Katrins Worten machen konnte. Das Mädchen war ein Widerspruch auf zwei Beinen.

»Ich habe gesagt, Ihr sollt gehen, damit Ihr bleibt, um mir zu zeigen, dass ich euch etwas bedeute. Ist das denn so schwer zu verstehen?«

Mrs. Green und Cecilia nickten. Sie verstanden nur zu gut, was Katrin damit bezwecken wollte und standen solidarisch hinter ihr.

»Ja, das ist es in der Tat. Warum habt Ihr nicht einfach gesagt, ich soll bleiben?«, fragte Alfred verwirrt.

»Weil das zu offensichtlich gewesen wäre.«

»Was wäre zu offensichtlich? Das, was Ihr wollt oder das, was ich eurer Meinung nach hätte tun sollen?«

»Beides!«, sagte Katrin und fügte hinzu. »Aber auch wenn Ihr geblieben wärt, was Ihr hättet tun sollen, so wäre nicht alles gut geworden. Nicht solange Ihr diese hässliche Kuh weiterliebt und ihr täglich schreibt.«

»Lady Jane ist keine hässliche Kuh. Ich verbiete euch, sie als solche zu bezeichnen.«

»Sie ist eine hässliche Kuh«, sagte Katrin bestimmt und mit Boshaftigkeit in der Stimme. »Ich habe sie im Park gesehen und hätte zufälligerweise eine Herde Kühe neben ihr gegrast, ich hätte die eine nicht von den anderen unterscheiden können.«

»Das liegt womöglich an der angeborenen Beschränktheit eures Geistes«, erwiderte Alfred ebenso boshaft.

Eine Sekunde später flog erneut etwas gegen die Wand und krachte klirrend auf den Boden. Sollte sich das wiederholen, würde Lord Bolton eingreifen müssen. Wenn sie ihr Zuhause ins Verderben stürzen wollte, dann sollte sie das ruhig tun. Es gab jedoch keinen Grund her zu kommen und sein Heim zu verunstalten.

»Ich wünschte, Ihr hättet euch tatsächlich in die Themse gestürzt, wie Ihr es mir angekündigt hattet. Ich bin schrecklich enttäuscht euch am Leben zu sehen«, rief Katrin.

»Beinahe hätte ich es auch getan.« Man hörte, wie sich der junge Mann setzte und schwieg. Es vergingen lange Sekunden unerträglicher Spannung, bis Katrin ungeduldig fragte:

»Und was hat euch daran gehindert?«

Wieder Sekunden des Schweigens, gefolgt von einer spöttischen Antwort:

»Meine männliche Vernunft natürlich. Es drängte sich mir die Frage auf, warum ausgerechnet ich mein Leben beenden sollte. Immerhin bin ich das Opfer von Missverständnissen, Unvermögen und einer grausamen Welt geworden, die von mir verlangte, einen Ruf zu retten, an dem mir nichts liegt.« Er fügte noch trocken hinzu: »Damit keine Missverständnisse aufkommen. Mit dem Ruf meinte ich den euren und nicht den meinen.«

Mit offenem Mund und großen Augen blickte Cecilia zu Mrs. Green, die sie ebenso fassungslos anstarrte. Lord Bolton schüttelte derweil den Kopf über die Worte seines Freundes und faste sich müde zwischen die Augen, weil ihn das anstrengte. Für einen sensiblen Dichter war Alfred unnötig unsensibel.

Es blieb verdächtig ruhig im Salon. Zu ruhig. Alle drei rückten noch näher an die Wand, um bloß nichts zu verpassen, als Katrin laut schluchzte und rief:

»Ist es das, was Ihr wollt? Mich tot sehen? Würde euch das etwa glücklich machen?«

»Glücklich nicht gerade. Allerdings bezweifle ich, dass es mich unglücklicher machen würde«, gab Alfred zu.

»Wie Ihr wollt!« Man hörte kleine Füße zur Tür eilen, die unsanft aufgerissen wurde. Drei Köpfe blickten in den Gang. Die junge Frau lief mit aufgequollenem und verweintem Gesicht an dem Arbeitszimmer vorbei nach draußen. Cecilia und Jonathan wechselten ratlose Blicke.

Nur Mrs. Green ahnte, worauf das hinauslief.

»Das arme Ding. Ihr müsst ihr hinterher, eure Lordschaft. In diesem Zustand bringt sie sich vielleicht wirklich noch um«, sagte sie panisch.

Hastig erhoben Lord Bolton und Cecilia sich vom Boden und liefen Katrin hinterher, während Mrs. Green sich auf die Suche nach ihrem Sohn machte, damit er die zwei unterstützen konnte.

Zur selben Zeit setzte sich Alfred an das kleine Beistelltischchen am Fenster des Salons, nahm sich ein Blatt, tunkte seine Feder in Tinte und schrieb eine Zeile nach der nächsten. Die Worte kamen aus ihm herausgequollen und ein nie zuvor erfahrener Rausch und bis dato ungeahnte Gefühle übermannten ihn.

♠

Keine Stunde irrte Katrin zwischen den Feldern von Hunterville umher, bis sie einen Teich fand, von dem sie hoffte, sich darin ertränken zu können. Dieses Unterfangen war von einem mäßigen Erfolg gekrönt, da das Wasser aufgrund der letzten warmen Herbsttage keinen Meter hoch stand. Sie schaffte es nicht, ihren Oberkörper lange genug unter Wasser zu drücken, ohne wieder luftschnappend nach oben zu kommen.

Mr. Green und der alte Ian fanden sie im Teich vor. Die beiden Männer beobachteten eine Weile amüsiert, wie das junge Ding sich damit plagte, viel grünes Wasser zu schlucken, um sich dann angewidert zu übergeben. Ihr Ehrgeiz sich auf eine so unmögliche Weise umzubringen, rief einerseits Respekt hervor, andererseits auch große Belustigung. Was waren junge Damen aus London doch für seltsame, verwirrte Geschöpfe?

Nach wenigen Minuten Beobachtung des absurden Schauspiels, entschieden die Männer, dass es genug der Spielerei war und man zog sie gegen ihren Willen aus dem Wasser heraus.

Nass, wütend und leicht hysterisch fand Katrin Johnson sich wenige Augenblicke später im Landgut des Lords wieder. Erleichtert darüber, dass sie noch lebte, wurde sie von Cecilia überglücklich umarmt und von der Haushälterin bemuttert.

Nachdem Alfred von dem ernsthaft unternommenen Versuch seiner Frau, sich in einem Teich mit kaum nennenswerten Wasserstand zu ertränken, erfuhr, eilte er aufgewühlt in das einzige Gästezimmer des Hauses, um ihr beizustehen. Dabei nahm er vorsorglich die Gedichte mit, die er in ihrer Abwesenheit formulieren konnte, um sie ihr, wenn es der Zustand erlaubte, vorzutragen. Immerhin war sie diejenige, die ihn dazu inspiriert hatte und er rechnete fest mit ihrem Interesse an seiner Arbeit.

Zu Cecilias und Jonathans Verwunderung, wollte Katrin den reumütigen Alfred empfangen. Nach tränenreichen Entschuldigungen beiderseits und missverständlichen Erklärungen, hörte sie sich mit triefender Nase, aber überglücklich, die langen Verse an, zu denen sie ihn mit ihrem irrationalen Verhalten inspiriert haben wollte. Muse für einen Dichter zu sein, machte sie stolz und glücklich.

Das Verhalten dieses Paares rief bei den Bewohnern des Hauses Unglauben hervor. Man ließ sich vom Tag erschöpft und ratlos zum Abendessen nieder, wobei Alfred es vorzog, seine Mahlzeit oben zusammen mit Katrin einzunehmen, um sie nicht allein zu lassen. Ihr zerbrechlicher und unbeständiger Zustand rief in ihm einen großen Schwall von Emotionen hervor, den es festzuhalten galt.

♠

Mit einem Stöhnen ließ sich Jonathan neben Cecilia ins Bett fallen. Er drehte sich zu ihr um und sagte mit müder Stimme:

»Von allen Entscheidungen der letzten Wochen, die ich euch übel nehmen könnte, war jene eure Cousine über Alfreds Aufenthalt in meinem Haus zu informieren, die dümmste.«

Cecilia blickte von dem Brief ihrer Tante Olivia auf. Ähnlich wie Lord Bolton machte auch diese ihr einen Vorwurf nach dem anderem. Und wenn ihr die Vorwürfe ausgingen, dann folgten ungefragte Ermahnungen und Ratschläge. Ihr Mann und ihre Tante Olivia hatten viel gemein.

»Ich nehme das zur Kenntnis«, sagte sie und las weiter. Tante Olivia beschwerte sich über das kaum vorhandene Vermögen von Alfred und erinnerte Cecilia daran, dass man sie aufgezogen, genährt und im Winter und Sommer angekleidet hatte. Sogar die vielen erfolglosen Seasons hatte man ihr ermöglicht. Nun war es an ihr sich zu revanchieren, und mit Katrin das Vermögen zu teilen, das ursprünglich allein Katrin hätte zu stehen müssen. Denn, so erinnerte sie Tante Olivia nun schon zum wiederholten Male, war es Katrin gewesen, die mit Lord Bolton auf dem Ball tanzte, bevor sich Cecilia dem Mann schamlos an den Hals geworfen hatte.

Cecilia sollte sich schämen und gleichzeitig Katrin ein standesgemäßes Leben ermöglichen. Das wäre das Mindeste, schrieb Tante Olivia.

»Ist das alles? Ihr nehmt das zur Kenntnis? Mehr

möchtet Ihr dazu nicht sagen?«, fragte Jonathan, bettete seinen Kopf auf das Kissen und schloss die Augen.

»Nein. Wollte ich mehr dazu sagen, ich würde es tun.« Sie drehte das vollgeschriebene Blatt um und stellte zu ihrem Missfallen fest, dass der Brief noch immer kein Ende nehmen wollte. Wie immer hatte Tante Olivia ihr viel zu sagen.

»Ihr scheint euch an der erzwungenen Anwesenheit dieser Paradiesvögel nicht zu stören«, stellte er überrascht fest.

»Es ist ja vorübergehend. Was würde es mir bringen, mich darüber aufzuregen, dass zwei grundverschiedene Menschen, die nichts gemein haben - außer einer übertriebenen Vorliebe für Poesie - sich in einer Ehe wiederfinden, die nicht funktionieren will? Das würde mir nur vor Augen führen, in was für einer Situation ich mich befinde. Ich ignoriere das lieber und bete, dass dein Freund Alfred meine Cousine in den nächsten Tagen nicht erneut in den Selbstmord treibt. Jedenfalls nicht solange sie unter meiner Aufsicht steht. Ich möchte meiner Tante ungern erklären, warum ich ihre Tochter nicht davon abhalten konnte noch mehr Unsinn anzustellen.«

Jonathan stütze sich vom Kissen auf und sah sie gekränkt an.

»Man kann deren Ehe nicht mit der unseren vergleichen.«

»Nein? Wieso nicht?« Müde legte Cecilia den Brief ihrer Tante zur Seite.

»Wieso nicht? Das ist eine komische Frage. Das liegt doch auf der Hand.«

Cecilia drehte das Lämpchen aus und kuschelte sich in die Decke.

»Ja, tut es das? Es muss so offensichtlich sein, dass ich es nicht sehen kann«, stellte sie mit einem Gähnen fest.

Er lachte und falls er darauf etwas erwiderte, dann hörte sie es nicht. Sobald sie die Augen schloss, schlief sie auf der Stelle ein.

Die Ehe, ein Anfang vom Ende der Liebe

Alfred kümmerte sich rührend um Katrin, die, geschwächt von ihrem Versuch sich in einem flachen Teich zu ertränken, in Decken gehüllt im Garten saß und sich von ihm umsorgen ließ.

Ihr kränklicher, zerbrechlicher Zustand löste bei ihm ungeahnte und noch nie zuvor verspürte Beschützerinstinkte aus. Sorgenvoll, auf alles bedacht und aufmerksam, las er ihr die Wünsche von den Augen ab. Nachdem es Katrin am Nachmittag besser ging, beschloss Alfred, es wäre besser, wenn sie wieder nach London zurückkehren würden. Zweisamkeit und Ruhe war das, was sie in diesem Moment am nötigsten hatten. Etwas, was man in einem kleinen, fremden Haus nicht vorfinden konnte.

So seine Worte.

Natürlich äußerten Jonathan und Cecilia Bedauern darüber, dass der, auf seine Art und Weise aufregende Besuch, dermaßen schnell sein jähes Ende fand. Sie hielten jedoch die zwei versöhnten jungen Menschen nicht davon ab abzureisen.

Mit uneingestandener Erleichterung winkten sie dem kleinen Wagen hinterher, auf dem Alfred und Katrin mit ihrem Gepäck saßen und verträumt Händchen hielten. Mr. Green würde sie nach Hunterville bringen, und von da aus konnten sie sich eine Kutsche nach London nehmen.

»Wie lange, glaubt Ihr, wird diese plötzliche Eintracht halten?«, fragte Jonathan und öffnete Cecilia die Tür, damit sie ins Haus eintreten konnte.

»Nicht lange. Eine Woche, vielleicht etwas länger. Wenn Katrin klug ist, bleibt sie entweder sehr lange krank und wehleidig, oder sie stirbt in den nächsten Tagen. Das würde ihr im Herzen eures Freundes einen besonderen Platz verschaffen.«

Jonathan lachte, bis ihm die Tränen kamen. Erst als er sich wieder beruhigen konnte, stellte er mit heißerer Stimme fest:

»Ihr seid keine Romantikerin.«

»Ich fasse das als Kompliment auf«, erwiderte Cecilia, zwinkerte Jonathan zu und ging die Treppe hoch, um sich von dem Besuch ihrer Cousine zu erholen. Nachdenklich blickte ihr Lord Bolton hinterher. Ein unbewusstes Lächeln umspielte seine Lippen.

»Es erfreut mein Herz, euch so glücklich zu sehen, eure Lordschaft«, sagte Mrs. Green, die das Gespräch von der Küche aus gehört haben musste. Sie trocknete ihre Hände an einem Handtuch ab und lächelte Lord Bolton warm an.

Verlegen hustete Jonathan in seine Faust und wollte gehen, ohne ihre Worte zu kommentieren, doch die alte Haushälterin winkte ihn zu sich. Sie musste ihm etwas mitteilen, das nur er hören durfte.

»Ist etwas nicht in Ordnung?«, fragte er und kam in die Küche.

»Ich dürfte es euch eigentlich nicht sagen. Habe es der jungen Lady Bolton versprochen. Ich kann allerdings nicht anders. Ich sehe ja, wie sie sich wegen der Sache quält.«

Erschrocken sah er die alte Frau an. Was quälte Cecilia und warum erfährt er das durch Umwege? Mrs. Green trat näher an ihn heran und flüsterte, während sie die Küchentür im Auge behielt.

»Ich habe vor ein paar Tagen Lady Bolton gefragt, warum sie keinen Ring am Finger trage. Ich hätte ihn gern gesehen. Den Ring. Das arme Ding erschrak und wurde verlegen. Druckste lange herum, bis sie mir gestand, den Ring verloren zu haben. Sie fürchtet sich davor, euch das zu gestehen und sucht überall nach dem Ring, findet ihn aber nicht.«

Jonathan bekam auf der Stelle ein schlechtes Gewissen. Natürlich fand Cecilia keinen Ring, er hatte ihr auch keinen gegeben. Und als Mrs. Green sie nach dem Ring gefragt hatte, blieb ihr keine Wahl, als zu lügen und zu behaupten, sie hätte den Ring verloren.

Alternativ hätte sie gestehen müssen, dass sie keinen eigenen Ring besaß. Diese Information würde die mütterliche Haushälterin sicher aufwühlen. Jonathan war Cecilia dankbar, dass sie aus Rücksicht auf die Gefühle der alten Frau zu ihren Ungunsten gelogen hatte.

»Jedenfalls«, fuhr Mrs. Green leise fort. »Habe ich das

ganze Haus auf den Kopf gestellt und den Ring nicht gefunden. Vielleicht hat sie ihn im Garten oder in der Scheune verloren. Sie grämt sich so, das arme Kind. Deswegen wollte ich euch bitten, einfach den gleichen Ring erneut zu kaufen und ihn mir zu geben. Ich würde ihn beim Putzen zufällig finden, ihr ihn überreichen und alles wäre wieder gut. Würdet Ihr das für mich tun, eure Lordschaft?«

Die alte Frau sah ihn treuherzig an. Es kam ihr keine Sekunde in den Sinn, dass es diesen Ring nicht gab.

Natürlich nickte Lord Bolton und versprach, sich um einen Ersatz zu kümmern und Cecilia keinen Vorwurf zu machen, dass sie den ersten Ring verloren zu haben schien. Mrs. Green strahlte erfreut und gelobte seine Lieblingspastete zu backen. Diese Woche noch!

♠

Von ihren Gästen erlöst, konnten Jonathan und Cecilia aufatmen und sich mit Widerwillen, den sie gegenseitig einander versicherten, ihrer Vereinbarung widmen. Es kam ihnen sehr gelegen, dass Mrs. Green auf den Markt und ins Dorf musste, um für die Pastete und die restlichen Tage einzukaufen.

Und so fanden sich Jonathan und Cecilia allein im Salon wieder. Es fiel Lord Bolton diesmal ungewöhnlich schwer, seine Frau auf ihre Pflichten hinzuweisen. Es könnte damit zu tun haben, dass sie endlich etwas Vernünftiges, wenn auch Schlichtes trug, was ihr mehr zum Vorteil gereichte.

Unauffällig betrachtete er sie von der Seite, wie sie am Fenster stand und an eines ihrer Kleider Spitze nähte. Immer wieder blickte sie dabei verträumt in den Garten.

Der goldene Herbst stand diesem Haus gut und versetzte alle in einer harmonischen Stimmung. Besonders in dem Licht wirkte Cecilia ungewöhnlich schön auf ihn.

Sie war keine klassische Schönheit, gestand er sich ein, aber dennoch recht hübsch. Klare Haut, ebenmäßige Züge und eine tolle Figur. Zu seinem Bedauern war ihr Charakter alles andere als sanftmütig und ergeben.

Frauen, wie sie eine war, heiratete man nicht. Man verbrachte mit ihnen Zeit, amüsierte sich und kehrte dann zu fügsamen, jungen Erbinnen ins Bett zurück, die einem fügsame Kinder schenkten. Das Kind, was er mit ihr zeugen würde, würde alles andere als fügsam sein, es würde…

»Könnt Ihr aufhören mich so ungeniert anzustarren? Es bereitet mir Unwohlsein«, unterbrach sie seine Gedanken und blickte ihm streng in die Augen.

Jonathan wurde verlegen, ärgerte sich darüber und beschloss es zu überspielen, indem er sie daran erinnerte, dass sie nicht zum Vergnügen hier waren und er sie noch immer nicht mochte und als Last empfand.

»Entschuldigt, ich habe mich in eurer Nase verloren. Sie ist sehr markant und ich machte mir Sorgen, dass man sie an Kinder weiter vererben könnte«, sagte er.

»Macht euch lieber Sorgen darüber, dass die Kinder womöglich nach euch kommen. Das würde mir mehr schlaflose Nächte bereiten als meine Nase.« Sie wollte sich wieder ihrem Kleid widmen, doch Jonathan empfand die Erwähnung der Kinder als eine gelungene Überleitung für sein eigentliches Ansinnen.

»Bis jetzt habe ich ja keinen Anlass dafür, mir ausgerechnet deswegen den Kopf zu zerbrechen. Wir haben keine. Eine Tatsache, der Ihr, Darling, Abhilfe verschaffen könntet.«

Sie ließ ihre Nadel sinken und sah ihn überrascht an.

»Hier und jetzt?«

»Hier und jetzt«, bekräftigte er, stand auf und machte sich an seinem Jackett zu schaffen.

Skeptisch betrachtete sie ihn dabei.

»Ich weiß nicht. Mrs. Green…«

»Mrs. Green wird frühestens in zwei Stunden wieder zurück sein. Genug Zeit, um eure Befindlichkeiten zu überwinden und etwas Vernünftiges zu tun.«

»Mich mit euch hier zu Paaren halte ich nicht für besonders vernünftig«, wandte sie ein und machte keine Anstalten sich zu rühren. »Denkt an das, was euch in der Scheune zugestoßen ist, als Ihr am helllichten Tag mich zum Beischlaf nötigen wolltet.«

»Behaltet eure Zweifel für euch. Ich halte es für sehr vernünftig und da ich das Oberhaupt dieser Familie bin, wird gemacht, was ich sage.«

Zu seiner Überraschung legte sie mit einem resignierten Seufzer das Kleid und die Nadel beiseite und erhob sich. Er hatte nicht damit gerechnet, dass sie auf Anhieb auf ihn hören würde. Konnte es sein, dass ihr Widerwillen, mit ihm zu verkehren, am Ende nur gespielt war?

»Aber nicht hier. Lasst uns nach oben gehen.«

»Das würde uns nur unnötig Zeit kosten. Zieht euch aus.« Jonathan hatte sich bereits das Hemd ausgezogen und machte sich an seiner Hose zu schaffen. Seine gespielt unwillige Frau verdrehte die Augen und knöpfte sich umständlich das Kleid am Rücken auf. Weil ihm das zu lange dauerte, ging er zu ihr herüber und übernahm diese Aufgabe.

Als er ihr das Kleid über die Schulter streifen wollte, bemerkte er die kleinen Sommersprossen auf ihrem Hals und Schlüsselbein. Ohne weiter darüber nachzudenken, küsste er die Stellen, was ihr ein Kichern entlockte. Jonathan musste lächeln, dieses Kichern klang ganz anders als das Verhalten, das sie sonst an den Tag legte. Er küsste die Stellen erneut und wieder erklang dieses Kichern. Sein Dreitagebart kitzelte sie.

Ohne weiter darüber nachzudenken, drehte er Cecilia zu sich und küsste sie auf den Mund. Sie war zunächst zu überrascht und überrumpelt, um darauf mit Ablehnung zu reagieren, doch nach einem langen Augenblick, der sich wie eine Ewigkeit angefühlt hatte, erwiderte sie seinen Kuss innig.

Sie waren so sehr in den unerwartet intimen Moment vertieft, dass sie den Wagen, der vor die Tür fuhr, nicht hörten. Erst als die Eingangstür geöffnet und mit Schwung wieder geschlossen wurde, erstarrten sie und sahen sich mit großen Augen an.

Resolute Schritte liefen am Salon vorbei. Cecilia zog hastig ihr Kleid hoch, während Jonathan in Panik das Fenster öffnete und in die Büsche sprang, die sich davor befanden. Er unterdrückte einen Schmerzensschrei, als sich spitze Äste in sein Fleisch bohrten.

Cecilia stellte sich vor das Fenster und machte mit hektischen Armbewegungen hinter ihrem Rücken Jonathan auf ihre offenen Knöpfe aufmerksam. Er begann sie von dem Gestrüpp aus zuzuknöpfen, als die Salontür aufging und sie beide vor Schreck zusammenzucken ließ.

»Ich habe meine Liste vergessen, ich altes Weib«, verkündete Mrs. Green und sah sich erstaunt um. »Nanu, wo ist denn seine Lordschaft? Ich wollte ihn fragen, ob er besondere Wünsche habe. Seid er ein kleiner Junge war, bat er mich immer eine Nascherei für ihn mitzubringen.«

Mrs. Green runzelte die Stirn, als sie Lord Bolton nicht

ausmachen konnte, dafür aber sein Jackett und seine Hose auf dem Sofa erblickte.

»Das weiß ich nicht«, erwiderte Cecilia hastig. »Seine Lordschaft hatte sich seiner Kleider entledigt und ist dann auf und davon.« Sie kniff den Mund zusammen, als Jonathan sie wegen der absurden Antwort zwickte.

»Nackt?«, fragte die alte Haushälterin schockiert.

»Nein, er trug noch seine lange Unterhose und sein Hemd.«

»Warum hat er das getan?«, wollte Mrs. Green wissen, nahm die Kleidungstücke an sich und legte sie ordentlich zusammen. »Man pflegt hier bei uns schon immer einen entspannten Umgang untereinander und mit sich selbst. Aber, dass man ohne seine Kleidung herumspaziert? Ich weiß nicht. Was ist bloß in ihn gefahren?«

»Sagt Ihr es mir, Mrs. Green, Ihr kennt Lord Bolton viel länger als ich. Glaubt mir, als sich das vor wenigen Minuten zutrug, war ich ebenso geschockt wie Ihr es jetzt seid. Zum Glück war seine Lordschaft so schnell aus der Tür heraus, dass ich bis zu diesem Augenblick glaubte, das geträumt zu haben.«

Wieder kniff Jonathan sie von hinten. Cecilia ignorierte den Schmerz und lächelte Mrs. Green unschuldig an. Die alte Frau schüttelte den Kopf über den Lord, erzählte Cecilia im Vertrauen, dass sie froh war, noch mitzuerleben, dass er wenigstens eine vernünftige Frau geheiratet hatte. Die früheren kleinen Schwärmereien, denen Lord Bolton als junger Mann verfallen gewesen war, entpuppten sich sehr schnell als anhängliche Frauen ohne Stil. Cecilia war zum Glück aus anderem Holz geschnitzt. Wäre noch seine Mama am Leben, sie wäre sehr zufrieden mit seiner Wahl. Mit diesen Worten verabschiedete sich Mrs. Green und ließ Cecilia allein im

Salon zurück.

Sie lauschte gebannt, bis der kleine Pferdewagen nicht mehr zu hören war und drehte sich zum Fenster. Im Garten stand, lediglich in seiner Unterhose und Hemd bekleidet, Lord Bolton und fischte sich verärgert Äste und Laub aus dem Haar.

»So, so, Ihr bevorzugt also anhängliche Frauen ohne Stil? Kein Wunder, dass Ihr mich von Anfang an nicht besonders leiden konntet«, sagte sie zu ihm und lehnte sich entspannt aus dem Fenster.

»Ihr werdet glücklich sein zu hören, dass ich euch von Tag zu Tag mehr schätze. Ich habe eure Anhänglichkeit und Stillosigkeit zunächst nicht sehen wollen. Mein Fehler«, erwiderte er und machte sich daran durchs Fenster in den Salon zu klettern.

Cecilia ging einen Schritt zurück, legte ihren Kopf schief und betrachtete ihn von oben bis unten.

»Wärt Ihr ein Gentleman und anständig angezogen, so wäre ich von euren Worten gekränkt. Da Ihr jedoch nur ein nackter Schuft seid, der die Bedeutung von Türen nicht zu kennen scheint und daher stets durchs Fenster steigen muss, verspüre ich lediglich Gelassenheit bei euren Worten.«

»Ich bedauere das zu hören«, erwiderte Jonathan und ging mit einem spitzbübischen Lächeln auf sie zu. »Das letzte, was eine Frau über mich sagen sollte, ist, dass sie bei mir Gelassenheit verspürt. Lasst mich diesen unmöglichen Zustand beheben.«

Bevor Cecilia reagieren konnte, umarmte er sie stürmisch und drückte seine Lippen auf die ihren.

♠

Am nächsten Tag und den Tag darauf regnete es in Strömen. Der goldene Herbst wurde ohne Vorwarnung ungemütlich. Cecilia bedauerte diesen Umstand, sie hatten geplant spazieren zu gehen und zu Picknicken, um die letzten verbliebenen Herbsttage auszukosten. Es war Jonathans Idee gewesen, eine, die ihrer Neigung entsprach.

Zu ihrer Überraschung vermisste sie Lord Bolton, der heute Vormittag wegen dringlicher Geschäfte fort musste und sie und Mrs. Green allein im Haus zurückließ.

Unter normalen Umständen wäre Cecilia verärgert, den ganzen Tag im Haus verbringen zu müssen. Sie liebte es lange Spaziergänge zu unternehmen und sich Gedanken zu machen. Dem Haus wohnte jedoch so viel Gemütlichkeit inne, dass sie sich arrangieren konnte, ihre Zeit darin zu verbringen.

Mrs. Green war, wie so oft, beschäftigt und voller Tatendrang – für ihr hohes Alter höchst erstaunlich. Es blieb Cecilia somit genug Raum für sich und ihre Gedanken. In den letzten Wochen war ihr so viel zugestoßen, sie hatte kaum die Muße gefunden, sich bewusst zu werden, wie es ihr damit erging.

Auf dem Tischchen im Salon lagen zwei Briefe. Ein langer, mal wieder mit Vorwürfen gespickter Brief ihrer Tante, die ihr plötzlich in einer Woche mehr mitzuteilen hatte, als die letzten zehn Jahre ihres Zusammenlebens, und ein Brief ihrer Cousine, die sie gütiger Weise darüber informierte, wie gut es im Moment um die Ehe zwischen ihr und Alfred stand.

Katrin war wieder genesen und freute sich auf einen bevorstehenden Ball. Da Alfred ein angesehener Künstler war, wurde man zu solchen Veranstaltungen bevorzugt eingeladen, teilte sie Cecilia mit und versprach, sie das nächste Mal, sobald sie sich wieder in London aufhielt, mitzunehmen, damit auch sie in den Genuss des exzentrischen Rufes ihres Gatten kommen könnte.

Cecilia verzog bei dem Gedanken den Mund. Ihr war nicht nach einem Ball. Der letzte Ball nagte noch immer an ihr.

Das große, von Katrin herbeigesehnte Ereignis, musste gestern Abend stattgefunden haben. Das bedeutete, Cecilia würde morgen einen langen Bericht darüber erhalten. Eine Aussicht, die ihr wenig Freude bereitete. Dann doch lieber die Briefe der Tante lesen. Sie griff nach dem ungeöffneten Umschlag, als sie Lord Bolton draußen Fluchen hörte.

Er kam völlig durchnässt durch die Tür. Seine langen, aus dem Zopf gelösten braunen Haare klebten ihm im Gesicht und seine Stiefel hinterließen kleine Pfützen. Als Mrs. Green das sah, schimpfte sie mit ihm und forderte ihn auf der Stelle auf, sie auszuziehen. Er weigerte sich, was sie dazu brachte, ihn tadelnd anzusehen, bis er ergeben das tat, was sie von ihm verlangte.

Cecilia schüttelte lächelnd den Kopf und verfolgte heimlich lauschend den Streit im Flur. So in etwa hatte sie Familie in Erinnerung. Ein kleines, gemütliches Heim, eine warme Stube, die sie von dem kalten Wind der Highlands abschirmte und liebevolle Neckereien untereinander.

»Habt Ihr das bekommen, was Ihr unbedingt besorgen musstet, eure Lordschaft?«, fragte sie Jonathan, als er mit einem Handtuch, das ihm Mrs. Green in die Hand gedrückt hatte, in den Salon kam. Er hatte seine Stiefel ausgezogen und suchte nach seinen Pantoffeln.

»Sie sind im Wintergarten«, half ihm Cecilia und legte den Brief zur Seite. Ihre Tante konnte warten. Das würde sicher ihren Charakter stärken.

Jonathan dankte ihr nickend, ging seine Pantoffeln holen und antwortete ihr erst, als er sich mit einem leisen Stöhnen in den Sessel sinken ließ.

»Ja, das habe ich. Es war nicht ganz das, was ich im Sinne hatte, aber man bekommt zur Zeit nie das, was man sich erhofft.«

»Es tut mir leid, das zu hören. Wollt Ihr mir jetzt endlich verraten, weshalb Ihr unbedingt bei so einem Wetter fort musstet?«

»Nein«, erwiderte er und rieb sich mit dem Handtuch über das Gesicht und Haar.

Cecilia, die sich nicht die Blöße geben wollte, ihm ihre Neugier zugestehen, beschloss doch noch den Brief ihrer Tante zu lesen und nicht weiter nachzufragen. Sie hatte sich mehr Geselligkeit von Lord Bolton erhofft und schmollte, dass er lieber ein kleines Nickerchen im Sessel machen wollte, statt sich mit ihr zu unterhalten.

»Möchtet Ihr Tee?«, fragte Cecilia, bevor er einnickte.

»Sehr gerne«, erwiderte Lord Bolton und streckte seine Füße aus. Er war froh, wieder im Haus zu sein, draußen war es düster und stürmisch. Kein Wetter, um sich länger als nötig außerhalb einer warmen Stube aufzuhalten. Ohne ein weiteres Wort ging Cecilia hinaus, um Mrs. Green über die Wünsche seiner Lordschaft zu informieren.

Als sie wiederkam, war Lord Bolton eingeschlafen und schnarchte leise. Verärgert ließ sich Cecilia ihm gegenüber auf dem Sofa nieder und hüstelte. Lord Bolton reagierte nur mit einem noch lauterem Schnarchen.

Minuten vergingen, in denen nichts als das beständige Ticken der Uhr und das Schnarchen zu hören war, bis Mrs. Green mit einem Tablet in den Salon kam und es mit einem heftigen Ruck auf dem Tisch abstellte. Lord Bolton schreckte hoch, rief Mrs. Green seinen Dank hinterher und griff nach der Kanne, um sich einzuschenken.

Er stutzte. In der Kanne befand sich Kaffee.

»Wolltet Ihr nicht Tee ordern?«, fragte er Cecilia.

Sie sah von dem Brief hoch und zuckte gelangweilt mit den Schultern.

»Man bekommt zurzeit nie das, was man sich erhofft«, zitierte sie ihn und las weiter.

Jonathan schüttelte über sie den Kopf, goss sich Milch ein und wollte einen Schluck trinken, als plötzlich jemand heftig gegen die Tür hämmerte.

Überrascht ließ er seine Tasse sinken.

»Erwartet Ihr Besuch?«, fragte Cecilia und blickte zum Fenster. Große Tropfen schlichen gemächlich die Scheibe herunter, Bäume beugten sich dem Wind, das Laub wurde im Garten herumgewirbelt. Eindeutig kein Wetter für Spaziergänge und Aufwartungen.

Wieder wurde gegen die Tür gehämmert.

»Ich komme ja schon!«, rief Mrs. Green und wischte sich die Hände an der Schürze ab. Lord Bolton und Cecilia erhoben sich und schielten in den Flur, neugierig, um wen es sich handeln könnte.

Die alte Frau öffnete die Tür und trat erschrocken zur Seite. Eine bis auf die Knochen durchnässte Katrin Johnson stand in einem zerrissenen Ballkleid an der Türschwelle und nieste herzhaft und undamenhaft in ihre Hand.

♠

»Ich kann nicht zurück!«, rief Katrin und schniefte ins Taschentuch. Sie saß in eine Decke gehüllt im Sessel und weinte in das kleine Stück Stoff, als wollte sie es ertränken.

»Ich kann weder zu ihm, diesem treulosen Scheusal, noch zu meinen Eltern. Ich habe niemanden außer dich!«

Sie blickte verzweifelt und herzensgut zu Cecilia hoch und machte es ihr damit unmöglich, sie zur Vernunft zu ermahnen. Anstatt Katrin an ihre Pflicht zu erinnern, ihre Eheprobleme mit ihrem Mann zu klären, strich Cecilia dem Mädchen wohlwollend über das nasse Haar und blickte ratlos zu Lord Bolton.

»Ihr könnt auch nicht hier bleiben. Alfred und eure Eltern machen sich sicher furchtbare Sorgen«, erwiderte er, noch immer an ihre Vernunft appellierend.

Katrin lachte bitter.

»Das tun sie mit Sicherheit nicht. Das Einzige, was meine Eltern sorgt, ist ihr und mein Ruf und Alfred hat nichts anderes im Kopf als diese hässliche Kuh Lady Jane.« Mit zittrigen Fingern und einem selbstmitleidigen Blick nahm die junge Dame Lord Boltons Tasse Kaffee in die Hand, trank und verzog den Mund. »Da ist ja kein Zucker drin.«

Jonathan, sichtlich um Ruhe und Nachsicht bemüht, schenkte ihr eine eigene Tasse ein, löffelte Zucker hinein, reichte sie ihr und nahm seine wieder an sich.

»Also weiß niemand, dass Ihr vom Ball mit einer fremden Kutsche hierher geflohen seid? Ohne Begleitung, ohne Mantel und ohne Grund?«, stellte er fest, drehte die Tasse, um nicht vom gleichen Rand zu trinken wie sie, und nahm einen Schluck.

»Ich hatte einen Grund!«, widersprach Katrin und stellte ihre Tasse heftig ab. Sie wandte sich zu Cecilia und sah ihr flehend in die Augen. »Sag Lord Bolton, dass ich einen Grund hatte und das er nicht so gemein zu mir sein darf. Ich bin in einer schrecklichen Verfassung. Mein Herz ist gebrochen und womöglich werde ich daran sterben.«

»Man stirbt nicht an einem gebrochenen Herzen, Katrin. Lord Bolton meint es auch nicht böse mit dir.« Cecilia sah Jonathan mahnend in die Augen. »Er versteht nur nicht, warum Du vom Ball weggelaufen bist. Wenn ich ehrlich zu dir bin, ich verstehe es auch nicht ganz.«

Katrin stöhnte über die Begriffsstutzigkeit ihrer Gastgeber.

»Liegt das denn nicht auf der Hand? Kaum waren wir auf dem Ball, tauchte plötzlich Lady Jane auf. Ganz sicher war sie hinter Alfred her und tat nur so, als wüsste sie nicht, wer er ist. Eine perfide Taktik, um ihn zu locken. Das machen sie immer so, diese adligen Ladies. Sobald sie nämlich realisierte, dass Alfred begann mich zu lieben, änderte sie ihr Verhalten und ist plötzlich dort anzutreffen, wo wir auch sind.«

»Ihr wisst, dass der alljährliche Ball zu Ehren der Truppen ihrer Majestät von Lady Janes Großtante ausgerichtet wird, oder? Und dass jedes Jahr. Dass Lady Jane auf diesem Ball anzutreffen ist, muss man annehmen«, warf Jonathan ein.

»Das spielt doch keine Rolle! Sie hätte auch zu Hause bleiben können, statt sich in einem Raum mit Alfred aufzuhalten. Sie wusste ganz genau, dass er kommt. Jeder wusste, dass er kommt«, sagte sie und fügte trotzig hinzu: »Mit mir!«

Lord Bolton fasste sich zwischen die Augen und rieb sie müde. Das Mädchen stellte seine Geduld und Manieren auf eine harte Probe.

»Und was passierte dann?«, fragte Cecilia ungeduldig, weil sie noch immer nicht begriff, an welcher Stelle der Erzählung es so unerträglich wurde, dass man fortlaufen musste.

»Alfred war verschwunden. Ganz plötzlich war er fort.«

Katrin schniefte und blickte auf ihre zittrigen Hände. Dicke Tränen wanderten ihre Wangen hinunter. »Und als ich ihn suchte – ich war ja ganz allein und kannte niemanden – bemerkte ich, dass Lady Jane ebenfalls nicht mehr da war.«

Schockiert blickte Cecilia zu Katrin und dann zu Lord Bolton, der sich aufrichtete. Vorsichtig fragte er:

»Und dann habt Ihr Lady Jane und Alfred bei einer unangebrachten Zusammenkunft vorgefunden?«

Katrins Augen weiteten sich bei seiner Frage.

»Oh mein Gott! Nein! Wäre dem so, ich hätte mich schon längst umgebracht. Nein, ich habe sie beide nicht gefunden. Eine ganze Stunde bin ich herumgeirrt.«

»Ich verstehe nicht«, sagte Cecilia. »Du hast Alfred eine Stunde gesucht und dann bist du…?«

»Hier her!«, sagte Katrin.

»Hier her?«, wiederholte Cecilia. »Vom Ball?«

»Nicht direkt. Ich bin nach Hause, habe Alfred geschrieben, dass sein plötzliches Verschwinden mir das Herz brach, ich nicht mehr leben möchte und dann nahm ich mir eine Kutsche. Der Kutscher hatte mich auf dem Feld ausgesetzt, weil er nicht vor die Tür fahren konnte. Ihr solltet euch eine ordentliche Auffahrt machen lassen, Lord Bolton. Unmöglich, was Ihr euren Gästen zumutet.« Katrin schniefte wieder.

Jonathan betrachtete das Mädchen mit offenen Mund. Er wusste nicht, was er zu der Begründung, warum sie hier war, sagen, noch wusste er, wie er auf die Forderung reagieren sollte, die sie bezüglich seiner Auffahrt an ihn stellte.

»Also glaubt der arme Mr. Johnson, der dich wahrscheinlich auf dem Ball die ganze Nacht über gesucht hat, Du wärst in diesem Moment tot?«, fragte Cecilia.

»Es ist mir egal, was er glaubt. Ich will ihn nie wiedersehen. Soll er doch mit Lady Jane glücklich werden und ...«

»Warum seid Ihr nicht zu euren Eltern? Warum seid Ihr den langen Weg von London hierhergekommen?«, unterbrach sie Lord Bolton.

»Na, weil er mich bei meinen Eltern suchen würde, natürlich. Und die würden mich auch auf der Stelle verraten. Nein, ich wollte zu jemanden, der mich versteht. Jemand, der sich in der gleichen unglücklichen Situation wiederfindet wie ich.« Sie griff nach Cecilias Hand und blickte ihr traurig in die Augen.

»Darf ich erfahren«, begann Lord Bolton seinen Satz ruhig, »in was für einer gleichen unglücklichen Situation Lady Bolton sich befindet?«

»Ist das nicht offensichtlich?«, fragte Katrin erstaunt und drehte sich zu ihm.

»Für mich? Nicht ganz, nein.«

Katrin zuckte mit der Schulter, warf Cecilia einen langen Blick zu, griff nach ihrer Tasse und erwiderte mit gelassener Stimme:

»Dann kann ich euch auch nicht helfen, Lord Bolton.«

Ein unerwartetes Quartett

»Sie ist erst eine Stunde hier und ich möchte ihr den Hals umdrehen!«, sagte Jonathan wütend.

Cecilia saß auf dem Sofa und beobachtete, wie er verärgert die Vorhänge des Salons zu zog. Katrin hatte um eine heiße Milch und Sandwiches gebeten und sich ins Gästezimmer begeben, um endlich zur Ruhe zu kommen.

»Nicht so laut. Sie kann euch hören.«

»Gut. Sie soll mich ruhig hören. Armer Alfred, der glaubt wahrscheinlich in diesem Augenblick, seine verrückte Frau hätte sich tatsächlich umgebracht und freut sich über seine neu gewonnene Freiheit, um dann morgen früh von mir zu erfahren, dass diese Freiheit von kurzer Dauer war.«

Entrüstet warf Cecilia ein Kissen nach ihm.

»Hört auf so unerträglich zynisch und gemein zu sein. Sie leidet furchtbar.«

»Das glaube ich. Wäre ich sie, ich würde auch darunter leiden.«

Cecilia erhob sich wütend und ging aus dem Salon. Katrin war anstrengend und selbstbezogen, ohne jeden Zweifel, doch sie litt ehrlich unter der ihr aufgezwungenen Ehe und wusste sich nicht anders zu helfen.

»Wo wollt Ihr hin?«

»Fort. Im Moment ertrage ich euch nicht.«

»Ach ja, stimmt, ich vergaß, Ihr befindet euch ebenfalls in einer unglücklichen Situation«, rief er ihr spöttisch hinterher.

Cecilia blieb stehen, schloss die Augen, zählte bis zehn und schluckte ihre Wut herunter. Ohne auf seine Worte einzugehen, ging sie die Treppe hoch.

Müde ließ sie sich aufs Bett fallen. Das Letzte, was sie gebrauchen konnte, war eine aufgewühlte Katrin, die jede verfügbare Sekunde Aufmerksamkeit und Fürsprache von ihr bedurfte. Die Wochen nach dem schicksalhaften Ball waren für Cecilias Nerven hart genug gewesen. Mehr und mehr sehnte sie sich nach Ruhe und Harmonie.

Sie schloss die Augen und träumte von den Highlands, den Bergen ihrer Kindheit. Über den Gipfeln der große, weite Himmel. Man konnte unendlich weit sehen, eine kahle Spitze ragte hinter der anderen auf. Die Luft war kalt und schneidend, während der Wind in einem beständigen Rauschen an einem vorbeizog.

Dahin wünschte sie sich zurück.

In die Zeit und den Ort ihrer Kindheit, als noch alles beschaulich und übersichtlich war. Ein Zuhause, in dem jedes Möbelstück und jede Decke nach der Pfeife ihres Vaters roch und der Raum vom Lachen ihrer Mutter erfüllt gewesen war. Zurück zur Ruhe und Klarheit. Keine Dramen, keine Verpflichtungen, Vorwürfe oder Peinlichkeiten.

Einfach nur Ruhe.

»Ihr könnt euch nicht hinlegen und mich mit all dem allein lassen«, hörte sie Lord Bolton sagen und erhob sich erschrocken vom Kissen. Wütend kam er ins Schlafzimmer geeilt, knöpfte sein Hemd auf, fuhr sich durch die Haare und sah sie vorwurfsvoll an.

»Sagt nicht, euch ist gerade nach...«, sie deutete auf sein aufgeknöpftes Hemd.

»Nein. Natürlich nicht«, erwiderte er und nahm sich ein neues, frisches Hemd aus dem Schrank, »seit eure Cousine einen Fuß über die Schwelle dieses Hauses setzte, ist mir nach nichts dergleichen zu Mute. Wisst Ihr, dass dieser Ort ursprünglich ein Ort der Besinnung und Einkehr war? Meine Mutter und mein Vater verbrachten hier ihre ruhigen Sommer. Fern von Bediensteten, Verwandten, Freunden und Pächtern. Die zwei und Mrs. Green und Mr. Green Senior - als der gute alte Herr noch unter uns weilte. Und nun? Kaum seid Ihr durch meine Tür spaziert, verkehrt halb London hier ein und aus.« Lord Bolton knöpfte sein frisches Hemd zu, band seine Haare und zog sich eine Weste über, dabei sprach er weiter, ungeachtet dessen, ob Cecilia ihm zuhörte oder nicht. »Unsere Auffahrt ist mit gutem Grund so klein und unpassierbar. Sie soll all die Leute fernhalten, die man hier nicht haben will. Sagt das eurer Cousine, wenn sie das nächste Mal darauf zu sprechen kommt.«

Geduldig hörte Cecilia sich seinen Monolog an und wartete auf die Pointe.

»Jedenfalls«, sprach Jonathan weiter und blickte entschlossen zu ihr aufs Bett, »werde ich eure Cousine nach London zu ihren Eltern bringen.«

»Macht das«, sagte Cecilia und ließ sich ins Kissen fallen.

»Macht das? Habt Ihr keine Einwände?«

»Nein, sollte ich?« Sie sah zur Decke des Himmelbettes und bemerkte erst jetzt die eingezeichneten, verblassten Punkte. Waren das goldene Sterne auf ehemals dunklen Grund?

»Mir würden keine einfallen, aber was weiß ich, was in euren Kopf vorgeht«, sagte er.

Anstatt zu antworten, fuhr Cecilia Kassiopeia nach. Ein vertrautes Sternenbild. Lord Bolton, der sich fragte, was sie da tat, kam zum Bett, legte sich dazu und sah ebenfalls zur Decke.

»Seltsam«, sagte er, »ich lag schon so oft hier, dass ich die Sterne nicht mehr wahrgenommen habe. Als ich noch klein war, strahlten sie in goldener Farbe und der Himmel glänzte dunkelblau.«

»Die Farbe ist verblasst, aber es ist noch immer recht hübsch anzusehen.« Langsam fuhr Cecilia den Gürtel des Orion nach. »Man möchte meinen, man liege unter dem Nachthimmel, den Sternen zum Greifen nah und in Sicherheit.«

»Ich lag früher als kleiner Junge mit meiner Mutter hier. Sie zeigte jede Nacht auf einen der Sternbilder und erzählte mir dazu eine Geschichte aus der griechischen Mythologie.« Er deutete auf Orion, den Cecilia betrachtete. »Ich weiß noch, wie traurig ich war, dass Artemis Orion für sein Eifer alle Tiere zu jagen, bestrafte, indem sie einen Skorpion schickte, der ihn stach. Zum Glück rettete ihn Asklepios.«

»Der Skorpion und Orion jagen sich im Sternenhimmel weiter«, ergänzte Cecilia müde und kuschelte sich ins

Kissen. Draußen stürmte und regnete es. Der klagende Wind lullte sie in den Schlaf.

»Das hat meine Mutter auch immer gesagt«, erwiderte Lord Bolton erstaunt.

♠

Sie wurden von lautem Hämmern gegen die Tür aus dem Bett geholt. Es mussten Stunden vergangen sein. Der graue Regenhimmel hatte sich in einen bewölkten Nachthimmel verwandelt. Noch immer trommelten Regentropfen gegen das Fenster. Der Sturm des Tages blieb auch über Nacht.

Wieder hämmerte es, mehrfach hintereinander und in einem ungeduldigen, fordernden Rhythmus. Jemand verlangte unverzüglich Eintritt.

»Ich komme ja schon!«, rief Mrs. Green mit ihrer kratzigen Stimme. »Ich komme ja schon. Man möchte meinen, heute wäre Sonntag und dieses Haus eine Kirche.«

Jonathan hörte, wie die Haushälterin die Tür aufriss.

»Mr. Johnson! Kommt rein, kommt rein. Raus aus dem Regen mit euch. Ihr seht ja furchtbar aus. Was ist euch zugestoßen?«

»Danke, Mrs. Green, danke«, erklang eine zittrige Stimme von unten. »Ist Lord Bolton zu sprechen? Es ist etwas Schreckliches passiert!«

»Das sehe ich. Kommt, gebt mir euren Mantel, junger Mann. Ich hole seine Lordschaft, während Ihr euch in den Salon begebt.«

Jonathan und Cecilia wechselten einen langen Blick. Sie waren noch immer verschlafen und müde und konnten nicht begreifen, warum sich nun auch noch Alfred in diesem Haus wiederfand. Hatten die zwei Johnsons kein eigenes Zuhause?

»Lord Bolton? Lord Bolton? Mr. Johnson ist hier und möchte euch sprechen«, rief Mrs. Green die Treppe hoch. Jonathan zögerte, er hatte Cecilia heute noch mitteilen wollen, weshalb er so früh nach Hunterville aufgebrochen war, hatte jedoch bis jetzt keine Gelegenheit dazu finden können.

»Lord Bolton?«

»Ich komme ja schon, Mrs. Green. Ich komme«, rief er herunter, drehte sich zu Cecilia und sagte: »Ich würde gern mit euch über etwas Wichtiges sprechen. Später, wenn wir zur Ruhe kommen.«

Sie unterdrückte ein Gähnen, nickte und wollte ihm die Treppe herunterfolgen, als von der Seite ein kleines »Pst« erklang.

Katrin schien vom Lärm geweckt worden zu sein. Sie streckte ihren Kopf durch die Tür des Gästezimmers und winkte Cecilia zu sich.

»Sie ist tot!«, verkündete Alfred aufgeregt, als Jonathan den Salon betrat. Er warf sich schluchzend und aufgelöst in die Arme seines älteren Freundes. »Oh mein Gott, oh mein Gott. Sie hat sich umgebracht. Ich bin völlig außer mir.«

Jonathan drückte Alfred sanft von sich, packte ihn an den Schultern und sah ihm in die Augen.

»Sie ist nicht tot. Sie ist…« Weiter kam er nicht. Alfred schüttelte den Kopf und fiel ihm ins Wort.

»Sie hat sich in die Themse geworfen. Hier steht es.« Er überreichte Jonathan einen nassen Brief, den er in seinem

Jackett aufbewahrt hatte. Man konnte darauf nichts erkennen. Von Tinte verfärbtes, hellblaues Wasser tropfte herunter. Mit Fingerspitzen nahm Lord Bolton das Schreiben entgegen und blickte ratlos darauf.

»Es ist schrecklich. Ich leide so. Mein Herz blutet bei dem Gedanken, dass sie mich so verzweifelt liebte und sich nicht anders helfen konnte, als ihrem Leben ein Ende zu bereiten. Ich werde mir für immer Vorwürfe machen, sie nicht gerettet zu haben. Keine andere kann ich…«

»Alfred«, unterbrach ihn der Lord, legte den nassen Brief auf ein Tischchen, packte den jungen Mann wieder bei den Schultern und wiederholte eindringlich seine Worte: »Sie ist nicht tot.«

Alfred heulte auf.

»Ich weiß, Du willst es nicht wahrhaben. Auch ich habe auf dem Weg hierher versucht es zu leugnen. Die Wahrheit nicht zu akzeptieren. Doch ich spüre die Abwesenheit ihres Geistes. Meine sensible Seele spürt das einfach. Sie ist nicht mehr unter uns, sondern weilt bei den Engeln.« Er schniefte. »Mein zarter Engel weilt oben bei den anderen Engeln.«

»Ja, sie weilt in der Tat oben. Und zwar oben in meinem Gästezimmer«, sagte Jonathan trocken, ließ seinen Freund los und goss ihnen beiden Whiskey ein. Lord Bolton benötigte dringend etwas Starkes für seine Nerven.

Alfred hatte ihm nicht zugehört. Er redete weiter, beschrieb die Seelenqualen, die er verspürte, offenbarte, dass er bis gestern Nacht nicht im Geringsten geahnt hatte, wie sehr er Katrin liebte.

»…und nun, nun ist es zu spät. Sie ist tot und ich kann es ihr nicht sagen. Welch tragisches Schicksal hat unsere Liebe ereilt!«

Jonathan drückte ihm ein Glas in die Hand und setzte sich.

»Ich hoffe, Du wirst nicht zu sehr enttäuscht sein, sobald Du realisierst, dass sie noch lebt«, sagte er und trank.

»Ich verstehe dich nicht. Wovon sprichst Du?« Alfred sah ihn ratlos an. »Wie kann…«

»Alfred!«, rief eine helle Stimme aus dem Gang. Mit wehendem Haar und offenen Armen, lediglich mit einem geliehenen Nachthemd bekleidet, lief Katrin auf ihren Mann zu. Sie hatte Tränen in den Augen und ein seliges Lächeln auf den Lippen.

Der Dichter ließ vor Schreck sein Glas fallen und wich solange zurück, bis er gegen einen Sessel lief und beinahe mit diesem umfiel. Katrin hatte ihn eingeholt, umarmte ihn stürmisch und verteilte Hunderte und Aberhunderte Küsse auf seinem Gesicht.

Cecilia, die den Salon nach ihr betrat, setzte sich neben Jonathan und nahm ihm sein Glas aus der Hand. Sie trank einen großen Schluck und verzog das Gesicht zu einer Grimasse. Wegen dem scharfen Geschmack des Getränks oder wegen der Szene, die sich vor ihr abspielte, man vermochte es nicht zu sagen.

♠

Das Missverständnis zwischen den zwei jungen Menschen ließ sich einerseits leicht und andererseits nicht ganz so leicht aufklären. Und so musste der Brief, den man nicht mehr entziffern konnte, zur Rate gezogen werden. Alfred bestand darauf, dass dort unmissverständlich von Selbstmord die Rede war, während Katrin darauf beharrte, ihre Drohung metaphorisch gemeint zu haben. Ihre

Worte sollten lediglich ihre Gefühlswelt widerspiegeln.

Cecilia unterbrach den Streit und fragte besorgt nach, ob Alfred denn Tante Olivia und Onkel Matthew über Katrins Nachricht und seine Annahme, Katrin sei tot, informiert hatte.

Er verneinte dies.

Er war dermaßen von Trauer und Fassungslosigkeit überwältigt gewesen, dass er nicht die Zeit dafür gefunden hatte. Zuerst, so sagte er, hatte er in sich gehen wollen und einen Ort aufsuchen, der es ihm ermöglichte, seiner Gefühle gewahr zu werden. Dann erst wäre er überhaupt in Stande gewesen, Cecilias Eltern über den Selbstmord zu unterrichten.

Nach diesen Worten erhob sich Cecilia, schenkte sich ein eigenes Glas ein und leerte es mit einem Zug.

Sie brauchte das.

Jonathan gesellte sich zu ihr, damit sie auch sein Glas auffüllte. Ihm erging es ähnlich.

Die Freude über Katrins Wiedergeburt legte sich allmählich. Alfreds Geständnis, Katrin zu lieben, wurde allerseits freudig aufgenommen. Nun konnte man endlich auf das eigentliche Missverständnis zu sprechen kommen, das der Auslöser des ganzen Dramas gewesen war:

Alfreds Verschwinden auf dem Ball.

»Ich wollte dir und mir etwas zu trinken holen!«, rechtfertigte sich der junge Mann.

»Warum hast Du dann nichts gesagt?«, fragte Katrin aufgebracht. »Ich habe mich umgedreht und fort warst Du. Alle Räume habe ich nach dir abgesucht. Du warst wie vom Erdboden verschwunden. Du und diese hässliche Kuh, Lady Jane.«

»Hör auf, sie so zu beschimpfen. Das ist deiner nicht würdig.«

»Ach? Aber ihr nachzustellen…«

»Ich bin ihr den ganzen Abend nicht über den Weg gelaufen«, rief er laut und verzweifelt aus.

»Was hast Du dann gemacht? Den ganzen Abend?«

»Dich gesucht! Wie oft denn noch?«

Er sagte das mit solcher Heftigkeit, dass Katrin ihm das auf der Stelle glaubte, in seine Arme fiel und erneut sein Gesicht mit tausend Küssen übersäte. Sie einigten sich darauf, dass alles am Ende nicht der Rede wert war und lachten gemeinsam über die Verwicklungen.

Nur die Gastgeber schienen für die plötzlich einsetzende Glückseligkeit nicht empfindlich genug zu sein.

Von glücklichen und unglücklichen Paaren

Als wäre am Tag davor nichts weiter als Sonnenschein und Heiterkeit gewesen, schien am nächsten Morgen die Sonne auf das kleine, verborgene Haus zwischen den Bäumen warm herunter. Ein schöner, herbstlicher Tag brach an und legte über die Felder und Wälder einen goldenen Schimmer. Man entschloss sich, Essen draußen im Garten einzunehmen, um den letzten sonnigen Tag dieses Jahres auszukosten.

Das Frühstück wurde liebevoll und großzügig von Mrs. Green angerichtet. Es gab alles, was das Herz begehrte und mehr. Cecilia lächelte auf den kleinen, mittig auf dem Tisch arrangierten, getrockneten Blumenstrauß herunter. Mit Fingerspitzen fuhr sie über ein zerknittertes Rosenblatt. Die Rose war nicht so perfekt, wie sie es wohl eins in voller Blüte gewesen war, aber dafür war sie in diesem Zustand unvergänglich und erheiternd. Ja, es erheiterte Cecilias Herz, den alten Strauß zu sehen. Er hatte eins Jemanden etwas bedeutet und wurde deswegen aufgehoben und konserviert.

Konservierte Gefühle für die Ewigkeit, sinnierte Cecilia und blickte verträumt auf die vertrockneten Blumen.

Katrins Kichern holte sie aus ihren Gedanken. Sie sah zu ihren Gästen und griff, um ihr Lachen über ihr Benehmen zu verbergen, nach ihrer Tasse Tee.

Alfred und Katrin hielten sich die ganze Zeit über am Tisch an der einen Hand und fütterten sich mit der anderen gegenseitig. Hin und wieder kicherte Katrin, wenn etwas von dem Frühstück daneben ging.

Wie Johannisbeermarmelade, die auf der weißen

Spitzendecke sicherlich unschöne Flecken zurücklassen würde. Das ärgerte Cecilia, doch sie sagte nichts, sondern trank in Ruhe weiter. Es war nicht ihre Decke und wer war sie schon, um die zwei zu maßregeln?

Jonathan, der neben ihr saß, bemühte sich ebenfalls um eine neutrale Miene, was ihm kaum gelingen konnte. Auch er hob seine Tasse und trank.

»Das Geheimnis einer guten Ehe«, sagte Katrin plötzlich und gänzlich ohne Kontext, »liegt in der Bereitschaft einander zu verzeihen. Das hat Mama schon immer gesagt.«

Tante Olivia hatte viel zu der Ehe gesagt, mehr als man von ihr wissen wollte, doch diesen Satz hatte Cecilia noch nie aus dem Mund ihrer Tante vernommen. Viel mehr glaubte sie sich daran zu erinnern, wie Tante Olivia ihnen einredete, sich darauf vorzubereiten als Frau alles in einer Ehe erdulden zu müssen, weil sie Gott im Himmel dafür umso mehr belohnen würde.

Im Nachhinein sagten solche Weisheiten alles über die Ehe ihrer Tante aus, was Cecilia nicht wissen wollte und worüber sie auch nicht weiter nachdenken mochte. Schon als kleines Kind ahnte sie, dass man auf Tante Olivia lieber nicht hören sollte.

»Seit Alfred und ich uns ausgesprochen und uns gegenseitig alles verziehen haben, läuft unsere Ehe besser als jemals zuvor«, offenbarte Katrin und lächelte den kauenden Alfred an.

Er nickte eifrig und erwiderte mit vollem Mund ihr Lächeln. Jonathan verschluckte sich an seinem Tee und musste husten, während Cecilia sich auf die Zunge biss, um sich jeglichen Kommentar dazu zu ersparen.

»Das ist großartig. Ich nehme an, dass Ihr euch wieder einander zuwenden werdet und nach London zurückkehren wollt«, vermutete Lord Bolton mit heiserer Stimme.

»Das werden wir in der Tat«, bestätigte Alfred. »Doch ein, zwei Tage bleiben wir. Wir dachten uns - als Dank für eure Mühe und Geduld - wir könnten vielleicht mit unserem Glück Einfluss auf euch nehmen.« Er beugte sich vor und blickte Jonathan und Cecilia ernst in die Augen. »Uns ist die Kälte und Distanz nicht entgangen, mit der Ihr euch begegnet. Euer Umgang miteinander ist für Liebende zu förmlich, zu steif. Es fehlt euch an wahrer Zuneigung und Leidenschaft. Ich weiß, wovon ich spreche, ich bin der Dichter der Liebe. Mir entgehen solche Feinheiten nicht.«

Katrin nickte eifrig. Sie sah das genauso wie ihr Mann. Was die Liebe anbetraf, so kannten sich - ihrer gefestigten Meinung nach - nur sensible Seelen, wie Alfreds, damit aus.

Mit einem ehrlichen Lächeln verkündete der selbsternannte Dichter der Liebe folgendes:

»Und da wir zu unserem Glück mit eurer Hilfe finden konnten, wollen wir uns revanchieren und das zurückgeben, was Ihr uns bereitwillig spendetet.«

»Ich glaube, dass wird nicht nötig sein…«, setze Cecilia ein, doch Katrin kam ihr zuvor, legte liebevoll eine Hand auf die ihre und sagte mit ernster Stimme:

»Doch, das wird es und wir tun es von Herzen gern. Wir haben genug Liebe für alle und wir wollen unser Glück teilen. Nein, wir müssen es sogar teilen. Das sind wir euch und auch der Welt schuldig.«

Es herrschte Sprachlosigkeit am Tisch.

Cecilia blickte zu Jonathan, der noch immer husten musste. Der Schreck über die Worte seines Freundes wirkte nach. Da keiner von ihnen etwas erwiderte, nahmen Katrin und Alfred die Stille als dankbare Überwältigung zur Kenntnis und fütterten sich wieder gegenseitig mit Marmeladenbrot.

»Das ist sehr großzügig von euch, doch wir können dieses Angebot nicht annehmen«, sagte Jonathan schließlich.

Cecilia pflichtete ihm bei.

»Doch. Ihr müsst. Wir bestehen darauf. Katrin und ich haben nicht viel. Jedenfalls nicht so viel wie Du, liebster Jonathan. Was wir jedoch nicht an Reichtum besitzen, besitzen wir an Gefühl. Und das würden wir nur zu gern mit euch teilen.« Alfred erhob sich, reichte seiner entzückten Gemahlin die Hand und gemeinsam spazierten sie glücklich und zufrieden ins Haus.

♠

Cecilia saß mit geschlossenen Augen im Garten und genoss die warmen Strahlen der Sonne auf ihrer Haut. Jonathan hatte sich mit Alfred und Katrin im Salon zurückgezogen, um sich darum zu bemühen, sie auf eine taktvolle, aber auch bestimmte Art und Weise, dazu zu bringen, wieder abzureisen.

Sie hörte seine ruhige, tiefe Stimme durch das offene Fenster schwappen. Wie er, hätte sie lieber ihre Ruhe. Dieses gemütliche Haus war viel zu klein für vier Menschen. Dazu kam noch, dass weder Katrin noch Alfred genügsam und leise waren. Selbst, wenn sie von sich das Gegenteilige behaupteten. Um sie herum staute sich das Drama, bereit sich jeden Augenblick zu entladen. Und von Drama hatte Cecilia mehr als genug.

Sie hörte Schritte kommen und öffnete die Augen. Fröhlich, mit sich und der Welt zufrieden, lief Katrin auf sie zu.

»Lass uns spazieren gehen, liebste Cousine«, forderte sie Cecilia auf.

»Was ist mit deinem Mann und mit Lord Bolton?«

Katrin winkte vergnügt ab, nahm Cecilias Hand und zog sie von der Bank.

»Lass die Männer doch unter sich sein. Sie haben sich viel zu erzählen, wie wir doch auch. Komm, wir können die Felder hoch und runter laufen.«

Es schien Cecilia, als wäre Lord Boltons Versuch, die zwei zur Heimkehr zu überreden, gescheitert.

»Lord Bolton wollte mit mir...«, sagte Cecilia. Sie erinnerte sich an ihr Versprechen, auf ihn im Garten zu warten, da er ihr etwas Wichtiges mitteilen wollte.

»Lord Bolton ist beschäftigt. Vergiss ihn für einen Augenblick. Komisch, dass Du ihn nicht bei seinem Vornamen nennst, findest Du nicht auch? Warum so förmlich? Ich verstehe es nicht. Und wenn wir schon über eure Ehe sprechen, dann lass dir gesagt sein, dass ich noch immer nicht weiß, wie es dir seit der Hochzeit ergangen ist. Deine Briefe sind so dünn und kurzgehalten. Man möchte meinen, Du wärst zu beschäftigt zum Schreiben, dabei hast Du hier nichts zu tun. Es gibt hier weit und breit nichts zur Zerstreuung.«

Katrin zog sie aus dem Garten das Feld entlang herunter und Cecilia, die tatsächlich gerne spazieren ging, ließ es zu.

Sie redeten am Ende nicht über Cecilias Ehe mit Lord Bolton, auch wenn Katrin sich darum bemühte, nachzufragen und ehrlich interessiert an den Antworten zu sein.

Sobald jedoch Cecilia zu einer Antwort ansetzte, fiel ihrer Cousine etwas zu dem Thema ein, dass mit ihr und

Alfred zu tun hatte, und das musste sie bis ins kleinste Detail ausbreiten und diskutieren.

Sie sprachen die zwei Stunden, die sie gemeinsam an der frischen Luft verbrachten, über Alfred, seine Poesie, die hässliche Lady Jane, das gestrige Missverständnis, die schicksalhafte Ballnacht und Tante Olivia.

Zu Cecilias Erstaunen wurde es ein vergnüglicher Spaziergang, weil es diesmal um mehr ging als alberne Schwärmereien für unbekannte junge Männer. Sie war über die zwei Stunden, die sie mit ihrer Cousine verbrachte, nicht unglücklich. Nur schrecklich müde. Katrin konnte ununterbrochen und mit viel Elan sprechen, eine Eigenschaft, die von einem aufmerksamen und bereitwilligen Zuhörer viel abverlangte.

Erleichtert ließ Cecilia sich zum Abendessen auf ihren Stuhl nieder und überließ nur zu gern ihrem lyrischen Gast das Wort.

Der ergriff die Gelegenheit zu glänzen, trug bereits beim Dinner einige seiner neuen Verse vor, zu denen seine liebreizende Frau ihn inspiriert haben wollte, und fuhr mit dem Vortrag nach dem Essen im Salon fort. Unermüdlich kamen Verse aus seinem Mund. Mit Erleichterung, die mehr einer Erlösung glich, zog sich Cecilia nach einer Stunde mit einer fadenscheinigen Entschuldigung zurück.

Sie kämmte gedankenverloren und schläfrig ihre Haare, als auch Lord Bolton das Schlafzimmer betrat, die Tür verschloss und sich mit einem lauten Stöhnen das Gesicht rieb.

»Lasst mich nicht mehr mit den beiden allein«, flehte er mit schwacher Stimme und fing an sich auszuziehen. »Recht sonderbare Gedanken ging mir durch den Kopf, als ich mich zwischen ihnen wiederfand. Einerseits wollte ich mich ermorden, damit meine Qual ein rasches Ende finden konnte, andererseits spielte ich mit den Gedanken, unsere Gäste um die Ecke zu bringen, weil ich nicht wollte, dass andere Ähnliches durchmachen mussten. Immerhin - dafür muss ich euch dankbar sein - erspartet Ihr mir mit eurer Flucht einen denkwürdigen und peinlichen Moment.«

Fragend sah sie zu ihm hoch. Jonathan nahm ein zusammen gefaltetes Stück Papier aus seiner Weste und überreichte es ihr.

»Was ist das?«, fragte Cecilia.

»Lest selbst.« Er ließ sich auf das Bett nieder und knöpfte seine Weste aus. Skeptisch entfaltete Cecilia das Blatt, strich es glatt und erblickte ein Gedicht.

Laut las sie vor:

Ich träume von euren Lippen und eurem Haar,
euren Augen und euren Händen,
das, was ich empfinde, ist sternenklar,
bei den Gedanken an euch, brennen meine Lenden.

»Du meine Güte«, Cecilia senkte erheitert und irritiert das Blatt. »Was ist das?«

Jonathan lachte über ihren Gesichtsausdruck.

»Wenn man es laut liest, hört es sich schlimmer an, als wenn man es lediglich vor sich liegen hat«, stellte er fest und zog sich weiter aus, dabei schüttelte er immer wieder den Kopf.

»Habt Ihr das geschrieben?«, fragte sie verwundert.

»Nein. Natürlich nicht. Ich sollte es euch lediglich heute Abend vortragen.«

»Warum, um Gottes willen?«

»Liegt das nicht auf der Hand, Darling? Um euer Herz

zu erobern natürlich. Der liebe Alfred hat mich heute Nachmittag in der Kunst der Dichtung und Verführung geschult. Er hielt es für eine gute Idee, eure Zuneigung durch ein Gedicht zu gewinnen. Ich sollte aus meinem Herzen heraus dichten, doch das, was ich zu Wege brachte, befriedigte nicht seinen hohen Anspruch an die Lyrik. Was Ihr nun in den Händen haltet, ist ein Art Kompromiss zwischen ihm und mir.«

»Es ist schrecklich«, sagte Cecilia. »Und Ihr solltet mir das heute Nacht im Salon vorlesen?« Er nickte gequält, was sie zum Lachen brachte. »Ein Glück, in der Tat, dass mein früher Abschied uns diese Peinlichkeit ersparte.«

Sie stand auf, faltete das Gedicht zusammen und reichte es Lord Bolton zurück. Er nahm den Brief und die Hand, die ihn hielt und zog Cecilia zu sich. Überrascht von der Geste, ließ sie sich auf ihn fallen.

»Haben diese romantischen Zeilen etwa nichts bei euch bewirkt?«, fragte er spöttisch und sah ihr dabei in die Augen.

»Oh doch, mir ist, als wäre mir leicht übel«, erwiderte Cecilia.

»Vielleicht solltet Ihr euch hinlegen.«

»Das tue ich bereits, eure Lordschaft, ich liege auf euch.«

»Ah ja, richtig. Ihr solltet lieber ruhig liegen bleiben, bis die Übelkeit vorüber geht«, schlug er vor und blickte ihr noch immer tief in die Augen.

»Ich glaube, mir geht es wieder gut.« Sie machte Anstalten von ihm herunter zu klettern, doch Jonathan hielt Cecilia fest, zog sie näher zu sich und küsste sie.

Es war ein inniger, zarter Kuss. Kein Vergleich zu dem, was sie sonst von ihm gewohnt war. Nur zu gern erwiderte sie den Druck seiner Lippen. Bei dem

Gedanken, dass es am Ende doch die Lyrik war, die den Kuss bewirkt haben konnte, musste sie kichern.

»Ihr scheint mir ja bester Laune zu sein«, flüsterte er, seine Lippen noch immer sanft auf den ihren.

»Pst. Redet nicht so viel, Ihr ruiniert sonst noch alles«, flüsterte sie zurück und küsste ihn diesmal von sich aus.

Ein Auf und Ab der Gefühle

Am nächsten Morgen, noch vor dem Frühstück, stritten sich Katrin und Alfred über Lady Jane. Alfred hatte sie in einem Satz erwähnt und damit eine Lawine an Vorwürfen ausgelöst. Das Frühstück kurz darauf war dementsprechend schweigsam und angenehm ruhig.

Es ging schnell vorüber und Jonathan erhob sich, um Cecilia um einen kleinen Spaziergang zu bitten. Bevor sie ihm antworten konnte, lud sich Katrin mit ein, weil sie frische Luft benötigte.

Ihre Nerven, so sagte sie, mussten sich beruhigen.

Davon überrumpelt, widersprach Lord Bolton nicht und fand sich unverhofft in Gesellschaft zweier Damen wieder. Dabei wollte er sei Tagen nur die eine sprechen.

Die Cousinen liefen vor ihm den schmalen Pfad eines

Wäldchens hinunter. Gelbe und rote Blätter fielen langsam von den Bäumen. Es wirkte, als würden die Äste auf die zwei Frauen einen Schauer aus Farben niederregnen lassen. Gerne hätte Jonathan den Anblick, der sich ihm bot, genossen, doch leider ließ sich Katrins weinerliche Stimme nicht ausblenden.

»Er hat mir versprochen ihren Namen nie wieder in meiner Nähe in den Mund zu nehmen. Hoch und heilig hatte er es mir versprochen«, jammerte Katrin zum wiederholten Male.

»Ich bin sicher, das war ein Versehen. Immerhin stand der Name in Bezug zu seinem Werk, also nicht ohne einen Kontext«, erwiderte Cecilia, ebenfalls zum wiederholten Male.

»Das mag ja sein. Aber er muss mehr Rücksicht auf mich nehmen. Alfred weiß, wie sehr ich unter Lady Jane gelitten habe und wie sensibel und kränklich ich bin.«

Cecilia nickte verständnisvoll, während Jonathan hinter den Rücken der beiden den Kopf schüttelte und den Mund zu einer Grimasse verzog. Zum Glück konnte keine der Frauen ihn sehen. Man hatte ihn bei dem künstlichen Drama vergessen.

Die arme Lady Jane, dachte er sich und griff in seine Westentasche, um nochmals zu überprüfen, ob der Ring an Ort und Stelle war. Die arme Lady Jane. Sie ahnte wahrscheinlich nicht das Geringste von ihrer großen Rolle im Leben zweier junger Menschen.

Den ganzen Weg lang ging es über Lady Jane, Alfred und eine Ehe, die man womöglich nicht mehr retten konnte, selbst wenn man es wollte. Hin und wieder drehte sich Cecilia mit einem entschuldigenden Blick zu Jonathan um, der sich mit seinem Schicksal längst abgefunden hatte.

Vielleicht fand sich am Nachtmittag für ihn eine Gelegenheit, mit seiner Frau unter vier Augen zu sprechen. Auch, wenn ihm das zur Zeit unmöglich erschien.

♠

Alfred und Katrin vertrugen sich unverhofft am Nachmittag und erfreuten das Haus mit einer kleinen Musiziereinlage, um die Stimmung der Liebe zurückzugewinnen. Sie wussten, dass ihr kleiner Streit die Atmosphäre im Haus vergiftet hatte und wollten mit einem Duett Wiedergutmachung üben.

Und so fanden sich Jonathan, Cecilia, Mrs. Green und ihr Sohn in dem kleinen Salon mit Törtchen in der Hand wieder, während sie einem improvisierten Konzert lauschten.

Jonathan musste gestehen, dass beide in der Tat talentiert waren und ihm Vergnügen bereiteten. Er wünschte, er könnte es mehr genießen, saß jedoch auf glühenden Kohlen, weil er noch kein Gespräch mit Cecilia unter vier Augen hatte führen können. Ein Vorhaben, dass ihm in seinem eigenen Haus nicht glücken wollte. Jedes Mal, wenn er sich ihr näherte, nahm sie Katrin in Beschlag und wenn nicht sie, dann lauerte Alfred ihm auf.

Es war wie verhext. Falls die zwei wirklich hier verweilten, um ihn und Cecilia einander näher zu bringen, so scheiterten sie an ihren Vorhaben durch Eigensabotage.

Cecilia, die in einem schlichten, aber gutsitzenden Alltagskleid auf dem Sofa saß und mit geschlossenen Augen der Vorführung zu lauschen schien, ahnte womöglich nicht einmal, wie es um sein Herz stand.

Jonathan selbst konnte kaum glauben, dass er sich in wenigen Wochen in sie verliebt hatte.

Ausgerechnet in sie.

Verliebtsein musste jedoch der Zustand sein, in dem er sich befand, wenn er ständig an sie dachte, über ihre scharfzüngigen Bemerkungen lachte und sich wünschte, allein mit ihr Zeit verbringen zu können.

Oder machte er sich etwas vor?

Selbst im Traum erschien sie ihm und er war froh darum. Im Moment wollte er von niemand anderen träumen als von ihr. Wie aber offenbarte man einer Person, dass man sie liebte und begehrte, wenn man sie zuvor wie ein Straßenmädchen behandelt hatte?

Und noch schlimmer:

Wie ging man damit um, wenn sie nicht die gleichen Gefühle für einen hegte?

Die letzten Töne erklangen, es herrschte für wenige Sekunden Stille, bis der kleine Salon applaudierte. Katrin und Alfred strahlten von einer Wange zu nächsten und wirkten auf Jonathan ehrlich dankbar für den Applaus.

Selbstverständlich gab es eine Zugabe.

Jonathans Hand wanderte unbewusst zu der kleinen Tasche, in der er den Ring aufbewahrte. Heute Nacht, nahm er sich vor, sobald sie wieder allein waren, würde er es wagen.

♠

Cecilia war leicht übel. Lag es am Essen? Sie wusste es nicht. Sie wusste nur, dass es ihr nicht gut ging und dass sie sich müde fühlte. So sehr sie auch das kleine Konzert genoss, sie wollte nicht länger als nötig aufbleiben. Die Sonne war nicht mal eine Stunde hinter dem Horizont verschwunden, da sehnte sie sich nach dem weichen Bett mit dem Sternenhimmel zurück.

Sie blickte zu Jonathan, der ruhig dem Duett lauschte. Man vermochte nicht zu sagen, ob es ihm gefiel oder ob er es schrecklich fand. Er legte eine bemerkenswerte Geduld und Nachsicht an den Tag, wenn es um seinen Freund Alfred ging. Auch Katrin gegenüber verhielt er sich wie ein Gentleman, selbst wenn sie es ihm ganz sicher nicht leicht machte und ihn des Öfteren vor den Kopf stieß.

Den Spaziergang hatte er heldenhaft ertragen, Katrins Sorgen zwar nicht kommentiert, aber mit Geduld angehört und später Alfreds Gedichten gelauscht und sie gelobt. Cecilia kam nicht umhin, sich über den Mann zu wundern. Lord Bolton war nicht der Mensch, den sie glaubte von Anfang an durchschaut zu haben.

Er sah ihr in die Augen und sie drehte verlegen den Kopf zur Seite. Sie spürte, dass leichte Röte ihr Gesicht erwärmte und schämte sich dafür, ihn so angegafft zu haben.

Wenn sie nur wüsste, wie er sie nach der gemeinsamen Zeit wahrnahm. Hatte sich seine Meinung über sie ebenso gewandelt, wie die ihre über ihn? Mochte er sie vielleicht ein wenig und war deswegen Zärtlichkeiten, Witzen und kleinen Aufmerksamkeiten ihr gegenüber nicht abgeneigt? Immerhin erhob er sich, wenn sie den Raum betrat, ließ ihr den Vortritt und hörte zu, wenn sie das Wort ergriff. Er suchte, sobald die zwei Verliebten albern zueinander waren, ihren Blick und amüsierte sich heimlich mit ihr darüber.

Bildete sie sich am Ende das alles ein?

Hatte die kurze, intime Zeit mit einem Mann ihren Verstand vernebelt? Glaubte sie nun, wie Katrin hunderte

Male zuvor, verliebt zu sein? Dichtete sie sich und ihm Zuneigung an, die es womöglich nicht gab?

Cecilia musste mit Mühe ein Gähnen unterdrücken. Frische Luft machte sie müde und ihre Gedanken wirr. Sobald die Zugabe ein Ende fand, würde sie sich schlafen legen.

♠

Jonathan drückte leise die Türklinke nach unten und betrat das Schlafzimmer. Verärgert und enttäuscht stellte er fest, dass Cecilia bereits im Bett lag und gleichmäßig atmete.

So viel also zu seinen glorreichen Plänen, ihr heute Nacht noch seine Gefühle zu offenbaren und einen Ring, als Zeichen seiner Zuneigung, zu überreichen.

Er wünschte, Alfred hätte sich einen anderen Zeitpunkt für seine Bitte um Geld ausgesucht. Damit hatte er ihn nicht nur überrumpelt, er hatte auch seine Pläne durchkreuzt. Um den Mann abzuwimmeln, hatte er alles großzügig abgewunken. Etwas, was er nun, da er Ruhe fand, bereute.

Leise, um Cecilia nicht zu wecken, zog er sich aus und dachte über seinen Freund nach. So sehr er Alfred auch mochte, er stellte oft ihre Freundschaft mit seinem Betragen auf eine Zerreißprobe.

Und jetzt auch noch die Sache mit dem Geld.

Alfred wollte damit ein Haus für sich und Katrin erwerben. Einen kleinen Bruchteil der Summe, - Katrins bescheidenes Erbe - besaß er bereits, nur seinen Anteil müsste er sich leihen.

Jonathan beschloss morgen in Ruhe mit ihm darüber zu reden und vielleicht ihm eines seiner Häuser in London zur Verfügung zu stellen, bis er und Katrin das Geld für ein eigenes Haus anderweitig zusammen bekamen. Auf welch wundersame Wege das auch immer passieren sollte. Als Dichter lebte man nicht in Saus und Braus. Richtige Arbeit würde sein Freund allerdings nicht annehmen.

Vorsichtig tastete sich Lord Bolton in der Dunkelheit an das Bett heran, suchte die Decke, die Cecilia stets im Laufe der Nacht an sich riss, um sich darin einzurollen, bekam nicht viel davon zu fassen und kapitulierte.

Er griff nach der dünnen Tagesdecke, kuschelte sich vorsichtig an Cecilia, um sie nicht zu wecken und schlief mit dem Gedanken ein, morgen endlich mit ihr zu reden.

Lady Jane, der Nabel der Welt

Aus Zufall erfuhr man aus einer zwei Tage alten Zeitung am Frühstückstisch, dass Lady Jane sich offiziell mit dem Sohn eines Earls verlobt hatte.

Jonathan informierte sich, nichts ahnend von dem aufkommenden Drama, über die letzte hitzige Debatte im Oberhaus und achtete nicht auf das Geschehen hinter der Zeitung, die er aufgeschlagen vor sich hielt.

Es war Alfred, der die Verlobungsanzeigen auf der Rückseite studiert hatte, über die von Lady Jane stolperte, sich an seinem Brot verschluckte und zu guter Letzt den Kaffee umwarf, der auf Katrins Kleid unschöne braune Flecken hinterließ.

Jonathan senkte, sobald er des Gewusels gewahr wurde, die Zeitung und sah besorgt zu, wie Mrs. Green dem erstickenden Dichter mit aller Kraft auf den Rücken schlug. Erst als Alfred sich außer Gefahr befand und wieder atmen konnte, entriss er Jonathan die Zeitung, suchte die entsprechende Stelle und heulte herzzerreißend auf.

Jener Laut ließ Katrin und Mrs. Green erstarren, und lockte Cecilia an, die sich heute Morgen mehr Zeit als üblich für ihre Morgentoilette ließ.

Sie sah hübsch aus, hatte ihre Haare kunstvoll hochgesteckt und wirkte auf ihn wie das blühende Leben. Jonathan erhob sich, als sie an den Tisch trat, rückte ihren Stuhl zurecht und reichte ihr ihre Serviete, die sie, mit einem fragenden Blick auf das Durcheinander auf dem Tisch, auf ihrem Schoß ausbreitete.

Er zuckte mit den Schultern und schenkte ihr Kaffee ein.

»Warum?«, rief Alfred wütend und traurig zugleich. »Warum nur? Wie konnte sie mich so schnell vergessen?«

»Wer?«, fragte Cecilia und nahm sich Marmelade.

»Lady Jane, natürlich«, erwiderte Katrin scharf an Alfreds statt und entriss ihm wütend die Zeitung. »Es geht immer nur um diese Lady Jane.«

Der junge Dichter forderte die Zeitung zurück. Sie kämpften um die Seiten, bis sie zerrissen und Katrin die Fetzen nach Alfred warf.

Cecilia lächelte Jonathan an, bat ihm um das Brot und beobachtete, während sie sich ihr Frühstück zubereitete, interessiert die zwei dabei, wie sie sich gegenseitig mit schlimmen Vorwürfen überhäuften.

»Du liebst sie noch immer!«, rief Katrin laut, zeigte anklagend auf die Zeitung, als wäre das Stück trauriges Papier Lady Jane und ließ ihren Tränen freien Lauf.

»Ja!«, antwortete Alfred ebenso aufgewühlt. »Ja,

natürlich liebe ich sie noch! Ich kann als Dichter meine Gefühle nicht leugnen, verstehst Du das denn nicht? Es wäre, als würde ich mich selbst verleugnen. Ich liebe auch dich, Katrin. Mein Herz schlägt für zwei Frauen. Und dieser Umstand zerreißt mich innerlich.«

Katrin war seine Zerrissenheit egal. Sie ertrug es nicht, dass Alfred an diese hässliche Person dachte und er ertrug es nicht, dass sie es nicht verstehen wollte. Wie konnte er aufhören, zu lieben, wenn Liebe das war, was ihm am Leben erhielt?

Sie wurden von Sekunde zu Sekunde lauter.

Zwischen dem vielen Geschrei, der Wut und Enttäuschung, griff Jonathan nach dem Ring in seiner Weste, holte ihn heraus und schob ihn Cecilia hin, die mit großen Augen den Streit vor ihrer Nase verfolgte und nicht die Zeit fand, in ihr Marmeladenbrot zu beißen.

Sie blickte auf seine Hand. Als er sie zurückzog und das Schmuckstück zum Vorschein brachte, hob sie es erstaunt auf und sah ihn fragend an.

»Es ist für euch«, flüsterte er ihr zu und zuckte zusammen, weil Katrins Schluchzen immer lauter und qualvoller wurden. »Probiert ihn an. Wenn er nicht passt, können wir ihn in Hunterville enger oder weiter fassen lassen.«

Cecilia betrachtete ehrfürchtig den schlichten, goldenen Ring mit einem großen rosafarbenen Diamanten in Form einer Träne in der Fassung. Sie hatte nicht damit gerechnet, beschenkt zu werden, und verstand nicht die Intention dahinter.

Um nicht lauter zu sprechen, als nötig, beugte sich Jonathan zu ihr vor und flüsterte ihr ins Ohr:

»Da Ihr den geliehenen Ring auf der Hochzeit habt zurückgeben müssen, dachte ich mir, dass Ihr vielleicht gerne einen eigenen hättet.« Er machte eine Pause, sah ihr in die Augen und fragte, mit leichtem Beben in der Stimme: »Vorausgesetzt, dass Ihr ihn noch wollt.«

Der Streit zwischen Alfred und Katrin schien seinen Höhepunkt zu erreichen. Mrs. Green stellte sich besorgt zwischen die aufgebrachten jungen Menschen und bemühte sich darum, sie vergeblich zur Besinnung zu bringen, während die sich über ihren Kopf hinweg hässliche Krankheiten für den jeweils anderen herbeiwünschten.

Lord und Lady Bolton bekamen davon nichts mit. Anstatt auf Jonathans Frage zu antworten, streifte Cecilia sich den Ring über den Finger, legte eine Hand auf seine Wange und zog ihn näher zu ihren Lippen, bis sie sich innig küssen konnten.

Derweil schnappte sich Katrin einen Stuhl…

ENDE

Nachwort

Normalerweise haben alle meine Bücher ein Vorwort. Bei diesem Buch mache ich eine Ausnahme, weil es mehr nach der Geschichte zu besprechen gibt als vor ihr.

Natürlich lebten Cecilia und Jonathan im harmonischen Einklang und Liebe glücklich bis an ihr Lebensende. Sie bekamen vier Kinder und das älteste, ein Sohn, wurde in dem kleinen Haus gezeugt. Gemeinsam wurden sie alt und starben an Altersschwäche kurz nacheinander.

Ende gut, alles gut.

Katrin und Alfred wurden auf ihre Art unglücklich miteinander, litten an Geldmangel und einem Alkoholproblem.

Das Alkoholproblem betraf Katrin, die das platonische und körperliche Fremdgehen ihres Mannes mit immer jüngeren Frauen nicht ertragen konnte. Den Gefallen, früher als er zu sterben, tat sie ihm jedoch nicht. Mit Selbstmord drohte sie allerdings sehr oft. Solch eine Drohung verpufft jedoch, je öfter man sich ihrer bedient.

Was also sollte man aus dieser Geschichte lernen?

Nichts.

In meiner Geschichte erfährt man über die Liebe nichts, was man wahrscheinlich nicht schon längst wusste. Die romantische Liebe, wie man sie zwischen den Buchdeckeln moderner Literatur findet, könnte sich in der Realität zu einem unromantischen Albtraum entwickeln.

Wie bei Katrin und Alfred.

Eine Deutung der Geschichte sei dir, liebe Leserin und lieber Leser, selbst überlassen.

Sicherlich fragst Du dich, wo der Herzog abgeblieben ist, der im Titel erwähnt wird? Ich muss gestehen, dass ich dich dahingehend absichtlich täuschen wollte, denn es war nie meine Absicht, einen Roman mit einem Herzog zu schreiben.

Meine Recherchen hatten ergeben, dass Leser historische Romane mit Adeligen im Titel bevorzugen und ich habe mich aus Profitgier danach gerichtet. Wenn du dieses Buch gekauft hast, weil der Titel dich angesprochen hatte, habe ich alles richtig gemacht.

Du, allerdings, solltest dein Kaufverhalten hinterfragen. Nur weil Herzog drauf steht, bedeutet das nicht, dass das ein guter historischer Roman ist. Ein Herzog ist auch nur ein Mensch mit einem fancy Titel.

Falls dir diese Geschichte gefallen hat, dann wird es dich sicher freuen zu hören, dass ich bei historischen Romanen verbleiben werde. Ebenfalls aus Profitgier.

Vorerst.

Als Nächstes schreibe ich ein Buch über eine Frau, die

aus Versehen in das Schottland des 18. Jahrhunderts katapultiert wird. Dort findet sie die Liebe ihres Lebens und erfährt, dass man Zeitreisen auch als Pauschalurlaub buchen kann. Seit „Outlander" solch ein großes Ding geworden ist, reisen jährlich hunderte Frauen in die Highlands der Vergangenheit, in der Hoffnung mit einem heißblütigen Schotten zwangsverheiratet zu werden. Der Sextourismus des 18. Jahrhunderts boomt.

Verrücktes Zeug, ich bin gespannt, wie es ankommt.

Man kann mir jederzeit diesbezüglich Feedback geben.

Und wenn wir schon über Feedback sprechen, so wäre es sehr nett und sehr hilfreich, wenn Du, liebe Leserin und lieber Leser, mir eine Rezension hinterlässt, so dass ich mit dem Buch mehr Aufmerksamkeit bekomme und reich werde.

Super reich.

P.S. Folge mir auf Instagram.

P.P.S. Lies meine anderen tollen Romane, die dich umhauen werden. Versprochen.

Deine Autorin